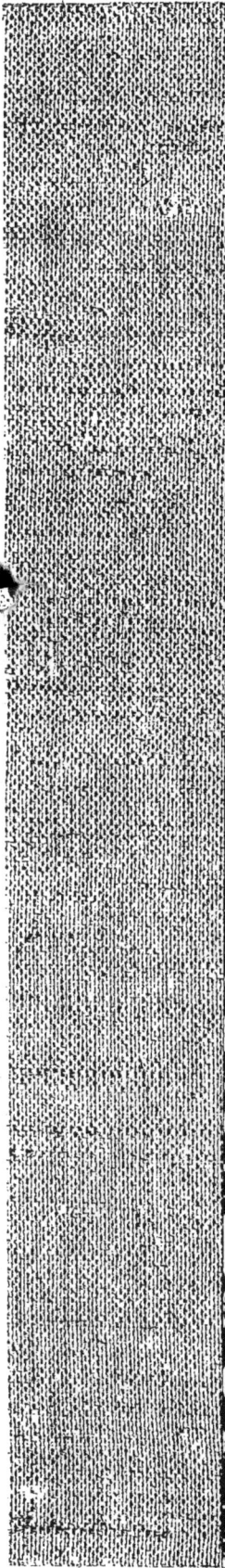

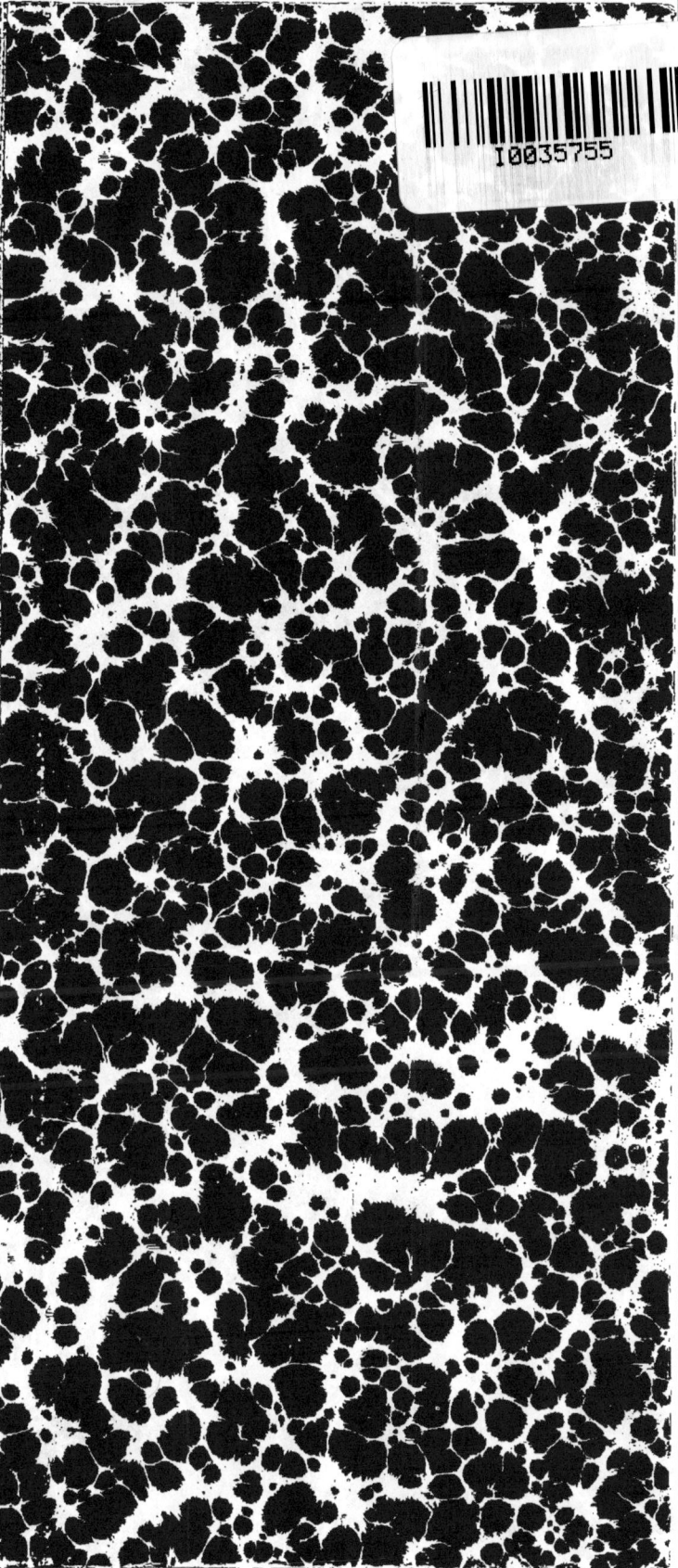

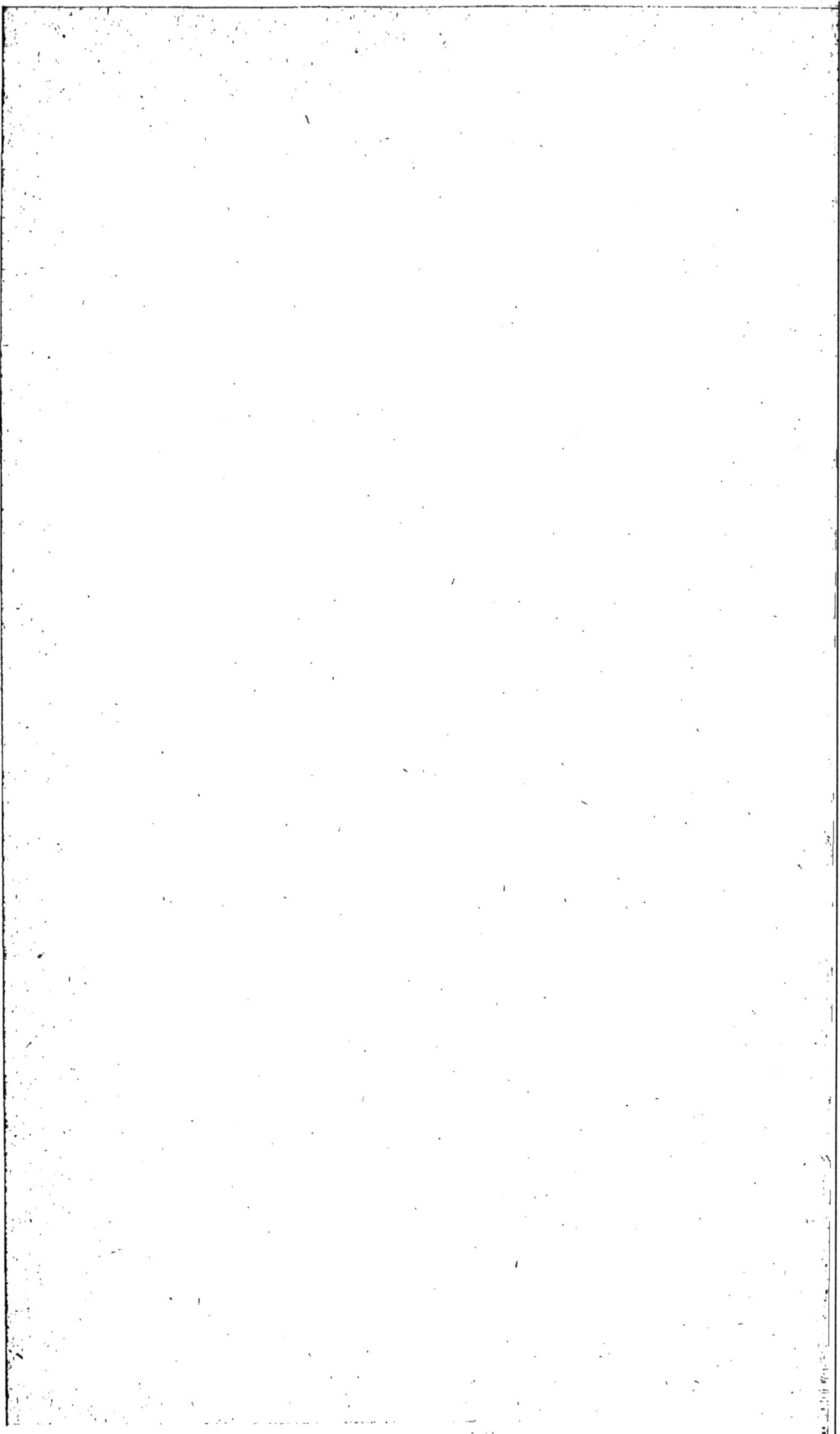

FACULTÉ DE DROIT DE L'UNIVERSITÉ DE BORDEAUX

DE

LA RESPONSABILITÉ DU LOCATAIRE

A RAISON DE L'INCENDIE DE LA CHOSE LOUÉE

THÈSE POUR LE DOCTORAT

Soutenue devant la Faculté de Droit de Bordeaux, le 31 Mai 1898, à 2 h. 1/2 du soir

PAR

Maxime De LA CHAPELLE

AVOCAT A LA COUR D'APPEL DE BORDEAUX

BORDEAUX

IMPRIMERIE Y. CADORET

17, RUE MONTMÉJAN, 17

1898

FACULTÉ DE DROIT DE L'UNIVERSITÉ DE BORDEAUX

DE

LA RESPONSABILITÉ DU LOCATAIRE

EN RAISON DE L'INCENDIE DE LA CHOSE LOUÉE

THÈSE POUR LE DOCTORAT

Soutenue devant la Faculté de Droit de Bordeaux, le 31 Mai 1898, à 2 h. 1/2 du soir

PAR

Maxime De LA CHAPELLE

AVOCAT A LA COUR D'APPEL DE BORDEAUX

BORDEAUX

IMPRIMERIE Y. CADORET

17, RUE MONTMÉJAN, 17

1898

FACULTÉ DE DROIT DE L'UNIVERSITÉ DE BORDEAUX

DE

LA RESPONSABILITÉ DU LOCATAIRE

A RAISON DE L'INCENDIE DE LA CHOSE LOUÉE

PREMIÈRE PARTIE

Origine historique du principe de la responsabilité du locataire à raison de l'incendie.

CHAPITRE PREMIER

DROIT ROMAIN

1. Le locataire était-il de plein droit, en droit romain, présumé responsable de l'incendie qui, au cours du bail, détruisait la maison louée ? Aucun texte ne semble avoir directement réglé ce point. Mais, en revanche, cette question, considérée comme très difficile par les romanistes des xvi⁰ et xvii⁰ siècles, avait donné lieu, parmi eux, à de très vives controverses.

Dans cette esquisse historique, nous nous bornerons à dégager les idées qui étaient alors le plus généralement admises

1

et nous nous demanderons ensuite si elles correspondent bien
à la vraie notion romaine de la responsabilité du locataire à
raison de l'incendie.

2. L'on s'était mis d'accord sur la solution à donner aux
deux points suivants : 1° l'incendie est dû à un cas fortuit;
2° il est dû, au contraire, au dol ou à la faute lourde.

Dans le premier cas — incendie causé par la foudre ou communiqué par un édifice voisin — l'on décidait que le locataire
n'était point responsable. A l'appui de cette solution, l'on citait
deux textes : l. 15, D., XIX, 2, et l. 23, D., L, 17.

Au contraire, le preneur non seulement était tenu des suites
de l'incendie, mais pouvait même être châtié corporellement
si l'incendie était causé par son dol ou par sa faute lourde (l.
28, § 12, D., XLVIII, 19). Il y avait entente sur ces deux
hypothèses.

3. Mais que décider si l'on ignore absolument la cause de
l'incendie et si on ne peut le rattacher ni au cas fortuit ni à
une faute? Deux grandes opinions s'étaient formées, l'une, la
plus accréditée, faisant, en ce cas, supporter l'incendie par
le propriétaire, l'autre le mettant à la charge du locataire.
Bien que très différentes dans leurs conséquences, ces deux
thèses s'appuyaient sur les mêmes textes et notamment sur la
l. 1, § 3, D., I, 14 : l'incendie est, la plupart du temps, présumé arriver par la faute des habitants. L'on se divise sur la
nature de la faute prévue par le texte et, en outre, sur la portée des mots *plerumque inhabitantum*.

4. L'opinion qui met l'incendie à la charge du propriétaire
argumente ainsi sur ce texte ([1]). Elle dit tout d'abord que la
présomption de faute porte non point sur une personne déterminée, mais sur un groupe de personnes, *les habitants*. Il y a

([1]) Menochius, *De arbitrariis judicum quæstionibus et causis*, casus 390
et les autorités qu'il cite.

donc incertitude et, par suite, impossibilité de fonder une action contre une personne déterminée. Cette difficulté, qui ne pouvait se présenter lorsqu'un locataire habitait seul l'immeuble loué, se produisait lorsque l'immeuble était habité par des personnes dont il n'était point responsable, telles que son épouse, son fils ou son esclave.

A cet argument d'une portée relative, l'on avait coutume d'en ajouter un autre tiré de la fameuse division tripartite de la faute, que les jurisconsultes de l'ancien droit, à l'exception de Doneau (*Comment.*, lib. 16, ch. VII), avaient cru trouver dans le droit romain. La faute présumée à la charge de l'habitant serait une faute *très légère* non *in committendo*, mais *in omittendo*. Or, le locataire ne répondant que de son dol, de sa faute lourde ou légère, ne pourrait être tenu de cette faute d'incendie qui est très légère. A cela une exception. Le locataire peut être responsable même de sa faute légère, s'il en a été ainsi convenu.

Mais le bailleur pourrait-il poursuivre la réparation de cette faute très légère par l'action de la loi Aquilia ? Non, répondait-on, parce que cette action suppose une faute de commission et ne réprime point les fautes d'omission.

Maintenant, le locataire sera tenu de l'incendie causé par sa faute *légère*. Il devra même réparer le dommage causé aux maisons voisines (l. 30, § 3, D., IX, 2, et l. 27, § 9, D., IX, 2).

Le juge appréciera, d'après les circonstances, s'il y a ou non faute légère.

5. Dans un deuxième système ([1]), le locataire était, au contraire, présumé responsable de l'incendie. La faute présumée par la l. 1, § 3, D., I, 14, ne serait point une faute très légère, mais simplement une faute légère. En outre, la l. 11, D., XVIII,

---

([1]) Fachinæus, *Controversiarum opus*, cap. 87.

6, signifie que, pour s'exonérer de la présomption qui pèse sur lui, le père de famille ou le locataire a simplement à prouver qu'il n'a commis aucune faute. L'on faisait en outre fort justement remarquer que la l. 5, § 2, D., XIII, 5 et la l. 23 D., L, 17, invoquées par l'opinion commune, favorable au propriétaire, parlaient simplement de la faute, mais non de la faute très légère.

Quant à l'argument tiré du caractère de généralité de la présomption de faute, on le rétorquait en disant que la loi 51, § 1, D., IX, 2, accordait l'action de la loi Aquilia contre tous ceux qui avaient frappé un esclave, lorsqu'il était impossible de connaître celui qui avait porté le coup dont cet esclave était mort.

6. Nous n'avons point, dans une étude historique, à nous prononcer sur ces deux systèmes. Néanmoins, il nous paraît que la première opinion repose sur des subtilités et sur une notion très inexacte du caractère de la faute, tandis que la dernière dénote, chez ses adeptes, de la logique et une connaissance approfondie du droit romain.

7. Examinons une dernière hypothèse. La maison incendiée est habitée par plusieurs locataires, et l'on ne sait chez lequel d'entre eux l'incendie s'est déclaré. Seront-ils tous responsables? Non, répond Menochius, *loc. cit.*, parce que dans l'incertitude où l'on se trouve de savoir chez qui le feu a pris, l'on ne peut demander à aucun les réparations du sinistre. C'est la conséquence de l'opinion de Menochius qui pense que la présomption de faute doit, pour pouvoir s'exercer, peser sur une seule tête. Nous verrons que Pothier s'est rangé à cette opinion.

8. A notre avis, la vraie doctrine romaine est celle-ci : Dans le doute, le locataire est responsable de l'incendie, à moins de prouver qu'il n'a commis aucune faute et a fait tout son possible pour éviter le feu.

A l'appui de cette thèse, l'on a coutume de citer deux textes : l. 3, D., I, 14 et la l. 12, D., XVIII, 6.

Le premier texte, qui est une loi de Paul, énumère les attributions du préfet des Vigiles. Ce fonctionnaire était plus particulièrement chargé du service des incendies. Il lui appartenait de réprimer les méfaits et les simples fautes qui pouvaient être commis à l'occasion des incendies. Et comme, dans cet ordre d'idées, l'incendie est, dans la plupart des cas, causé par la négligence des habitants, et *quia plerumque incendia culpâ fiunt inhabitantium*, ces derniers devaient être, suivant la gravité de leur faute, frappés de verges ou simplement admonestés.

Ce texte n'a point, à notre sens, d'autre portée que celle d'un règlement de police. Il est donc illogique d'étendre ses dispositions à des matières de droit civil. Cependant, il nous indique que pour les Romains l'incendie n'était point fortuit, mais dû à une faute. Nous allons nous demander si le locataire était, par son contrat, tenu de cette faute.

9. Le locataire est tenu notamment des deux obligations suivantes :

Il doit : 1° user de la chose louée en bon père de famille ; 2° restituer cette chose à la fin du bail (¹). La perte de la chose arrivée par cas fortuit libère le locataire, mais si la perte est due à une faute, il reste tenu, parce que la faute prolonge son obligation (l. 30, D., XIX, 2).

Mais la difficulté reste entière. Il est certain que le locataire répond de sa faute. Cela ressort de divers textes du Digeste qui formulent la théorie de la faute contractuelle.

Ulpien (l. 23, D., L, 17) dit, en effet, que le locataire est tenu de sa faute et de son dol, et qu'il doit apporter de la *diligentia*, c'est-à-dire user de la chose louée en bon père de

(¹) Donellus, *Opera*, III, *de jure civili*, lib. XIII, cap. VIII, p. 862.

famille. C'est la responsabilité du droit commun. Cette responsabilité peut être augmentée ou restreinte, au gré des parties, pourvu néanmoins qu'elles ne stipulent pas l'exonération de leur dol ou faute lourde. Le locataire ne répond pas du cas fortuit. *Adde :* l. 5, § 2, D., XIII, 6.

Dans un autre texte non moins célèbre, Gaius (l. 1, § 4, D., XLIV, 7) expose des règles semblables. Il indique les soins que le commodataire — ce qui s'applique par analogie au locataire — doit apporter à la conservation de la chose. Il définit le cas fortuit. Le locataire n'en est pas responsable, mais à une condition, c'est que ce cas fortuit ne dérive point d'une faute, *si culpa ejus interveniat.*

Nous pouvons donc affirmer que le locataire répond de sa faute ou de son dol, mais non du cas fortuit.

10. Le difficile est maintenant de classer l'incendie. Est-ce un cas fortuit ou bien présume-t-il une faute de l'habitant? Deux points sont hors de controverse : 1° Il est certain que le feu est dû à une cause majeure ; 2° il est certain, au contraire, qu'il a été volontairement allumé.

Dans le premier cas, le locataire n'est pas responsable (V. l. 23, D., L, 17, et l. 1, § 4, D., XLIV, VII ; *Adde :* l. 52, § 3, D., XVII, 2, et l. 6, C., IV, 24).

Dans le deuxième cas, au contraire, l'auteur de l'incendie est responsable pénalement et civilement (l. 5, § 2, D., XIII, 6, l. 28, § 12, D., XLVIII, 19 et l. 27, § 8, D., IX, 2).

Voici l'hypothèse que nous voulons envisager : Un incendie éclate dans une maison, sans que l'on puisse déterminer sa cause. Dans le doute, lequel, du propriétaire ou du locataire, devra supporter les conséquences du sinistre ? La question se ramène, en définitive, à celle de savoir si l'incendie est un cas fortuit ou bien si, au contraire, il constitue une faute de l'habitant ou du locataire.

11. Pris en soi, l'incendie est un cas de force majeure. Cela résulte manifestement des lois que nous avons déjà citées (l. 23, D., L. 17, et l. 1, § 4, D., XLIV, 7), qui rangent expressément l'incendie parmi les cas fortuits. L'incendie est, en effet, un événement au-dessus des forces humaines. Mais, pour être juste, il ne faut point oublier le correctif de Gaius, à savoir que l'on est tenu du cas fortuit causé par une faute.

Nous allons donc avoir à nous demander si le droit romain ne présume pas une faute à l'encontre de l'habitant et du locataire.

12. Il est certain, en premier lieu, au point de vue pénal, que l'on considérait que le feu était le plus souvent causé par la négligence de l'habitant. S'il n'est point juridique d'étendre aux matières du droit civil une disposition du droit administratif, telle que le texte *plerumque*, il est au contraire fort raisonnable de penser que la même présomption pesait sur le locataire dans ses rapports avec son héritier. Au reste, par son contrat de bail, le preneur est tenu de garder avec soin la chose louée pour la restituer, et, s'il ne peut la restituer, il doit prouver le cas fortuit (l. 5, Inst. III, 24).

13. Il y a cependant des raisons assez graves de douter de l'exactitude de cette solution. De nombreux textes semblent, en effet, considérer l'incendie comme un cas fortuit.

Ainsi la loi 3, Inst. III, 23, dispose que les risques de la chose passent à l'acheteur dès que la vente est parfaite, bien que la tradition n'ait point été réalisée. Le vendeur est seulement tenu de conserver l'objet vendu avec le plus grand soin. Mais si la chose vendue consiste en une maison, et que cette maison soit détruite en tout ou en partie par l'incendie, la perte est pour l'acheteur. A notre avis, l'incendie dont parle ce texte est l'incendie causé par une cause extrinsèque à l'habitant et à ceux dont il répond. Nous le pensons ainsi, parce que les autres événements, prévus en même temps que l'incendie, sont certainement des cas de force majeure, et qu'en outre le texte dit que le vendeur ne répond pas de tout ce qui arrive sans sa faute. La même observation s'applique, pensons-nous, à l'incendie mentionné par : l. 23, D., L. 27 et l. 1, § 4, D., XLIV, 7. Au surplus, ce dernier texte déclare formellement que si l'incendie constitue un cas fortuit, c'est à la condition qu'il ne soit pas dû à une faute.

Au titre *Locati conducti*, D., XIX, 2, nous rencontrons différents textes qui semblent exonérer le locataire de la responsabilité d'incendie. Ainsi, la loi 15, § 3, à ce titre, décide que l'on doit faire une remise de loyer au fermier dont les récoltes ont été dévorées par un incendie subit (*repentinus*). Mais il s'agit ici, ne l'oublions pas, de l'incendie qui frappe des récoltes, et il faut entendre par *incendium repentinum* celui qui naît d'un cas fortuit ou d'une force majeure.

Deux autres textes (l. 19, § 6, D., XIX, 2 et l. 30, § 1, D., XIX, 2) prévoient l'hypothèse suivante : Une personne loue une maison ou un établissement de bains et paie à l'avance une année de loyer. Avant l'expiration de cette année, un incendie éclate et dévore ces immeubles. L'on accorde, dans ce cas, au locataire une remise de loyer proportionnelle à la période pendant laquelle il n'a pas joui. C'est donc, pourrait-on dire, que le locataire ne répond pas de l'incendie.

Il y a une autre explication. Par la perte de la chose, l'objet du contrat de louage disparaît et, avec cet objet, disparaît également l'obligation du locataire de payer le prix de son loyer. Mais ces textes ne disent point que le locataire soit déchargé de toutes les suites de l'incendie. L'on ne peut donc en conclure que le preneur ne répond pas de l'incendie survenu à la chose louée.

14. Nous reconnaissons volontiers que ces divers textes ne

sont point exempts d'obscurité et laissent prise au doute. Mais
il en est un qui est d'une précision remarquable et qui, par
voie d'analogie, doit s'appliquer à la responsabilité du locataire
en cas d'incendie. C'est la loi 11 ou 12, D., XVIII, 6. Le jurisconsulte Alfenus examine le cas où une maison vendue, mais
non encore livrée, est incendiée. Dans cette hypothèse, le vendeur est chargé de la *custodia* de la chose vendue jusqu'à la
tradition (l. 3, *eod. tit.*). Sa situation, au point de vue spécial
de la prestation des fautes, est donc la même que celle du
locataire. Or le texte, tranchant expressément les difficultés
que nous examinons, décide ceci : « Si vendita insula combusta
» esset, cum incendium sine culpa fieri non possit, quid juris
» sit? Respondit, quia sine patris familias culpa fieri potest
» neque, si servorum neglegentia factum esset, continuo domi-
» nus in culpa erit, quam ob rem si venditor eam diligentiam
» adhibuisset in insula custodienda, quam debent homines
» frugi et diligentes præstare, si quid accidisset, nihil ad eum
» pertinebit ».

Nous pensons donc que, en droit romain, le locataire était
de plein droit responsable de l'incendie, à moins qu'il ne prou-
vât l'absence de faute. La présomption qui pesait ainsi sur
lui se justifiait par cette observation que, dans la plupart des
cas, l'incendie est causé soit par la faute de l'habitant, soit par
celle de ses esclaves (l. 5, Code, IV, 24).

15. Nous venons de définir la responsabilité de droit commun du locataire.

Il y avait des pactes qui venaient soit aggraver, soit diminuer
cette responsabilité.

L'on avait imaginé des clauses de baux qui mettaient même
la force majeure à la charge du locataire. C'était la clause
ignem ne habeto (l. 11, § 1, D., XIX, 2). Elle portait défense

au locataire d'avoir du feu chez lui, et s'il violait cette clause, il était recherché très sévèrement.

Cette clause avait donc pour effet de créer à l'encontre du preneur une présomption légale et irréfragable de faute!

Une autre clause — indiquée par la même loi — autorisait le locataire à avoir du feu chez lui, pourvu que ce fût un feu inoffensif, *innocens ignis.* Il ne paraît pas néanmoins que cette clause ait modifié sensiblement la responsabilité du locataire, si l'on en juge par le texte suivant (l. 9, § 3, même titre), dans lequel il faut avoir soin de remplacer le mot *locator* par celui de *conductor.* Cette substitution, admise par Cujas, peut seule donner un sens à ce texte.

16. Le locataire est-il responsable du fait des personnes qui habitent dans sa maison, et notamment de l'incendie causé par ses esclaves? Dans un texte qui pose les principes (l. 11, D., XIX, 2), Ulpien distingue. Si le locataire a commis une faute en admettant dans sa maison des esclaves ou toutes autres personnes négligentes ou malveillantes, il répondra personnellement des suites de l'incendie. Dans le cas contraire, il ne sera point tenu (l. 30, § 4, D., XIX, 2, et l. 27, § 9, D., XIX, 2).

Le principe est donc que le locataire n'est point responsable de ceux qui habitent dans sa maison, à moins qu'il n'ait lui-même commis une faute en ne faisant point un choix suffisamment éclairé des personnes qu'il recevait chez lui.

17. Nous ne trouvons aucun texte qui s'applique au cas où la maison incendiée est occupée par plusieurs locataires et répartisse entre eux le dommage. Doit-on dire que la présomption de faute pèse indistinctement sur tous les locataires et qu'ils sont tenus d'une *obligatio in solidum?* En ce sens, l'on pourrait argumenter de la l. 51, § 1, D., IX, 2. Mais s'il y a obligation *in solidum,* c'est qu'il y a faute commune. Au contraire, peut-on dire qu'il y a faute d'incendie commune aux divers locataires d'un immeuble? Evidemment non. A notre sentiment, il faut décider que chaque locataire n'est responsable que de l'objet de son contrat, c'est-à-dire de la partie d'immeuble qu'il occupe. C'est l'application du droit commun. De notre part, cette opinion ne doit être considérée que comme une hypothèse très plausible, mais non vérifiée.

CHAPITRE II

18. L'on est à peu près d'accord pour distinguer, en droit moderne, deux espèces de fautes, la faute contractuelle qui dérive de l'inexécution totale ou partielle de l'obligation résultant d'un contrat ou du retard mis à son exécution, et la faute délictuelle qui dérive de l'art. 1382 du C. civ. Cette division de la faute était connue de l'ancien droit, mais elle ne nous paraît avoir été appliquée qu'exceptionnellement à la responsabilité du locataire à raison de l'incendie.

19. Aussi bien, rappellerons-nous sommairement la célèbre théorie de la prestation des fautes.

Il y a, dit Merlin, trois sortes de fautes, savoir : la grossière, la légère et la très légère. Cette classification de la faute est une création de l'ancien droit qui a essayé de la rattacher aux principes romains. Elle présentait un intérêt pratique certain.

En effet, si le contrat n'intéresse que le créancier, comme le dépôt, le débiteur n'est responsable que de sa faute lourde, *culpa lata*. Le débiteur répond, au contraire, de sa faute très légère, dans les contrats qui interviennent dans son intérêt exclusif, par exemple le commodat ou prêt à usage. Enfin, le contrat est-il intéressé de part et d'autre, chaque partie répondra de sa faute lourde.

Ces principes cessent de s'appliquer, lorsque l'auteur de la faute n'est pas lié contractuellement avec la personne lésée. Il répond alors, dans tous les cas, de sa faute très légère. Il semble donc que la responsabilité délictuelle ou aquilienne soit plus rigoureuse que la responsabilité contractuelle, mais cette sévérité est compensée par ailleurs.

En effet, l'on distingue la faute active, *culpa commissionnis, sive in faciendo*, et la faute de négligence, *culpa omissionis, sive in non faciendo*. Or, la loi Aquilia, c'était la théorie de l'ancien droit, ne visait que la faute positive, le fait de l'homme, et ne s'étendait pas aux fautes d'omission, c'est-à-dire aux simples négligences.

Aussi bien, l'action qu'elle engendrait, plus rigoureuse que les actions produites par la plupart des contrats en ce qu'elle s'appliquait à la faute la plus légère, l'était infiniment moins en ce qu'elle exigeait une faute *in faciendo*.

20. Les principes que nous venons d'exposer ne nous seront pas d'un grand secours dans l'examen de notre matière. L'on conçoit, en effet, au cas d'incendie, deux sortes de responsabilités : celle du locataire envers le propriétaire dont la maison est incendiée, et celle du propriétaire ou de l'habitant envers le voisin. Ce sont deux cas qui, d'après les principes généraux, devraient donner lieu à des solutions différentes, mais qui ont ont été ordinairement confondus dans notre ancienne jurisprudence.

21. Le louage est un contrat intéressé de part et d'autre, dans lequel le locataire ne doit répondre que de sa faute légère.

L'incendie n'étant pas considéré comme un cas fortuit en soi, le locataire en est responsable à moins qu'il ne prouve qu'il a apporté à la conservation de la chose les soins d'un bon père de famille.

D'un autre côté, le propriétaire ou l'habitant ne devrait être déclaré responsable qu'au cas de faute aquilienne dûment prouvée.

Tel est le résultat que commandaient les principes généraux;

mais, en notre matière, l'on paraît les avoir presque toujours perdus de vue.

22. L'ancien droit, en effet, a créé une présomption légale de faute à la charge du locataire ou de l'habitant sur le fondement de deux textes que nous avons déjà cités, la loi 3, § 1 *De officio præfecti vigilium*, et la loi 11, *De periculo et commodo rei venditæ*.

Au lieu d'analyser ces textes, l'on en détachait les deux phrases suivantes :

Plerumque incendia culpâ fiunt inhabitantum;
Incendium sine culpâ fieri non potest.

Il en résulte donc que cette présomption ne reposait sur aucune base juridique et que l'on aurait tort, bien que dans ses résultats elle n'en diffère guère, d'y rattacher d'une façon générale la responsabilité du locataire à raison de l'incendie. Seuls quelques auteurs paraissent avoir ramené la responsabilité du locataire à sa vraie source contractuelle, mais leur doctrine manque de fermeté et ne se garde point toujours de la contradiction.

23. Aussi bien allons-nous examiner la responsabilité de l'habitant à l'égard des voisins, c'est-à-dire des tiers, et rechercher si elle était différente de celle du locataire envers le bailleur. Les diverses coutumes n'étaient point d'accord sur ce point.

La Coutume de Bretagne ne donne action aux voisins que dans le cas où celui qui a mis le feu dans sa maison a eu l'intention de nuire. *Et quand le feu ard la maison d'aucun et la maison d'un autre périsse par le mesme feu, si luy ne ses adherans ne lès y mettent pour faire dòmage à celui à qui elle est, ou à autres, il n'est tenu en rendre aucune chose* (art. 599) ([1]).

([1]) Merlin, *Rép. de jurispr.*, vº *Incendie*.

Cette disposition libérale ne s'inspire point de principes juridiques, mais d'une pensée d'humanité.

Merlin rapporte deux arrêts des 7 décembre 1628 et 22 juin 1633 qui ont adopté la même opinion.

24. A l'inverse, la Coutume de Bayonne, titre XXIV, avait sévèrement apprécié la responsabilité envers les voisins.

Elle s'exprime ainsi :

Art. 1er : « *Quand, au moyen du feu qui se prend en un four commun de ladite ville, les maisons circonvoisines ou autres sont brûlées ou abattues pour éviter plus grand feu et dommages, le seigneur du feu est tenu réparer le dommage tant des maisons brûlées que perdues, ou meuble qui s'est perdu et gâté, de la valeur duquel meuble sont crus par serment les perdans et endommagés* ».

Art. 2 : « *Si un tel dommage vient par feu venant d'autre maison particulière, le seigneur d'icelle et conducteur, s'il y en a, l'un pour l'autre et chacun pour le tout, est tenu réparer tel dommage* » ([1]).

Cette jurisprudence était généralement adoptée (V. Denisart, *Collections de décisions nouvelles*, 7me édit., 1771, v° *Incendie*, n. 5 s.). Cet auteur cite notamment un arrêt de la 2me chambre des enquêtes, du 22 août 1743, qui résume les principes de la matière. Le cas fortuit, y est-il dit, ne se présume pas en fait d'incendie, s'il n'est pas prouvé. La *présomption de droit* est que le feu, qui a pris dans une maison, a été causé par la faute ou par la négligence de celui qui l'habite, ou de ses domestiques, dont il est responsable en ce cas.

25. Néanmoins certains auteurs avaient nettement fixé le vrai caractère de la responsabilité du voisin au cas d'incendie. Quand il s'agit de l'action des voisins contre le propriétaire

---

([1]) Merlin, *loc. cit.*

qui demeurait dans sa maison ou contre son locataire, le voisin doit prouver *culpam latam vel levem quæ non præsumitur* ([1]).

26. En règle générale, nous avons dit que la responsabilité délictuelle d'incendie était subordonnée à la règle : *Incendia plerumque...* etc. L'habitant est présumé en faute à l'égard de ses voisins.

En est-il de même du locataire? Des opinions divergentes se trouvent émises et soutenues dans la jurisprudence et les ouvrages de doctrine. Mais il nous semble que si l'on a entrevu le principe contractuel de la responsabilité, jamais l'on ne s'est complètement débarrassé de la présomption légale de faute.

27. Au dire de Merlin ([2]), l'une des questions les plus controversées est celle de savoir, au cas d'incendie, si le propriétaire doit prouver la faute du locataire ou, au contraire, s'il appartient au locataire de démontrer l'absence complète de faute de son chef. Les deux thèses ont trouvé des défenseurs acharnés.

28. La première opinion, qui met la preuve à la charge du propriétaire, ne compte guère que Bouvot, Henrys et Voët, comme partisans notables. Elle a été consacrée par divers arrêts du Parlement de Dijon, rapportés par Bouvot, v° *Brûlement*. Les chartes générales du Hainaut, chap. 117, art. 8 et 9, l'ont également adoptée, sauf exception pour le cas où une sous-location aurait été consentie sans l'agrément du propriétaire.

Il est intéressant, à un point de vue purement documentaire,

([1]) Rousseaud de la Combe, *Rec. de jurispr. civ.*, édit. 1753, v° *Incendie*; Henrys, 1, liv. 4, quest. 49; Saligny, *Commentaire de la Coutume de Vitry*.

([2]) Merlin, *Rép.*, *loc. cit.*

d'indiquer les raisons naïves sur lesquelles Henrys, dans la 6e édit. de ses Œuvres, 1771, II, liv. IV, chap. VI, quest. 87, fondait son opinion. « Puisque, dit-il, de cette chaleur natu- » relle qui est en nous, les médecins en font un feu et lui attri- » buent des effets pareils à ceux du feu ordinaire ; que c'est » pour ce sujet qu'ils prennent la fièvre pour un incendie. » Nous pouvons bien dire que comme le plus souvent ils en » ignorent la cause, que comme ils ne sauraient deviner qui » peut avoir allumé ce feu violent qui fait un brasier de nos » entrailles, nous ne pouvons savoir non plus la cause des in- » cendies qui arrivent dans les maisons des particuliers ».

A cet argument de lointaine et puérile analogie, Henrys en ajoute un autre qui n'a pas davantage de valeur logique et juri- dique. Il dit, interprétant la règle *Incendia plerumque...*, dont l'influence fut grande dans notre ancien droit, que si « le » jurisconsulte semble rejeter l'incendie sur ceux qui habitent » la maison, il en rend cette raison : *quia plerumque...* Mais » comme il ne parle pas indéfiniment, qu'il n'estime pas que » le locataire ou l'inquilin soit toujours en faute et puisqu'il » dit que c'est seulement quelquefois ou le plus souvent, on » ne peut pas en tirer une conclusion absolue et générale ».

Cette déduction est la négation du principe même des pré- somptions qui ne sont point des certitudes, des vérités abso- lues, mais qui ont simplement pour effet de déplacer le fardeau de la preuve. Quoi qu'il en soit, la conséquence de ces consi- dérations, c'est que le propriétaire est obligé de prouver la faute et la négligence des locataires.

Nous devons dire que l'opinion d'Henrys est vivement com- battue par Bretonnier, son éditeur, qui soutient, au contraire, que le locataire doit répondre de l'incendie, parce qu'il est de droit présumé en faute.

29. De tous les adeptes du premier système, Voët est celui

qui a formé contre l'opinion dominante les critiques les plus
sérieuses et les plus méthodiques. Il les avait classées sous
trois objections principales.

1ᵉ *Objection*. — Les règles élémentaires du droit nous en-
seignent que la preuve incombe au demandeur et que, faute
par lui de justifier ses prétentions, le défendeur doit être renvoyé absous.

2ᵉ *Objection*. — La loi 51, Dig., *pro socio,* décide que tout
homme est présumé diligent, à moins de preuve contraire.
Cette présomption s'impose d'autant plus que l'intérêt du locataire incendié l'obligeait à veiller à la conservation de la maison.

3ᵉ *Objection*. — Les textes qui organisent la présomption de
faute sont vagues, généraux et non point particuliers. Ainsi,
point de raison pour la faire peser sur tel habitant plutôt que
sur tel autre. Aucun n'étant désigné, nul ne peut être tenu.

Ces critiques avaient fait l'objet de réfutations savantes que
nous ne pouvons reproduire dans un exposé historique.

30. Le système que nous venons d'examiner réunissait peu
de suffrages. L'opinion dominante décidait que le locataire
était de plein droit responsable, sauf à établir qu'il n'avait
commis aucune faute. Les uns justifiaient cette solution par des
considérations pratiques, d'autres y voyaient une suite nécessaire des obligations du locataire, et tous invoquaient les textes
déjà connus : *Incendium... et si vendita insula.*

31. D'Argentré, sur l'ancienne Coutume de Bretagne, art. 599,
justifie la responsabilité rigoureuse du locataire par cette considération que le devoir de surveillance de l'immeuble lui
incombe entièrement. Il s'exprime en ces termes : « Pro loca-
» tore manifesta ratio facit quia cum dominus ædes suas alteri
» locaverit, non licet posthâc domino inquirere quid in suo
» sed conducto fecit, nec ullâ ratione sibi potest prospicere,
» nec curiosus esse debet quam sedulis aut diligentibus servis,

» aut famulitio, conductor utatur ; alieno enim ut suo con-
» ductor utitur etiam dominum prohibendo. Quid igitur adferri
» potest cur non præstet quod non nisi ab eo caveri potest,
» non nisi ab eo aut familiâ admitti ? Justa causatio locatoris
» hæc est, nisi tu conduxisses, ædes mihi meæ salvæ starent :
» ubi conduxisti, exclusisti me ne mihi prospiciem, ne prohi-
» berim incendium, quod te aut tuos immisisse necesse est cum
» aliunde non potuerit ».

32. Si la preuve ne retombait pas sur le locataire, dit
Dulauri (Recueil d'arrêts du grand conseil de Malines), jamais
les locataires ne seraient responsables de l'incendie des maisons qu'ils habitent ; car il serait très difficile, pour ne pas dire
impossible, de prouver que le feu a pris par leur faute. Dans
la maison, il n'y a ordinairement que le locataire, sa femme,
ses enfants et ses domestiques, qui n'auraient garde de dire la
vérité, et quand ils la diraient, leur témoignage ne servirait de
rien, parce que ce cas n'est pas un de ceux où l'on puisse
admettre le témoignage des domestiques.

33. D'autres auteurs basent, au contraire, leur opinion uniquement sur le texte : *Incendia plerumque....*, dont la portée
a été complètement méconnue par nos anciens jurisconsultes.
C'est ainsi que Bourjon (*Droit commun de la France et la
coutume de Paris*, édition de 1747, t. II, p. 41) dit que si la
maison louée est incendiée en tout ou en partie, la présomption
de droit est que cela procède de ceux qui l'habitent, s'il n'y a
preuve contraire (¹).

Cette thèse s'appuie sur un texte inexactement interprété,
mais, dans ses résultats, elle ne diffère pas sensiblement de la
troisième opinion qui est la plus juridique.

(¹) *Adde :* de Ferrière, *Dictionnaire de droit et de pratique*, éd. de 1762,
v° *Incendie* ; Rousseaud de Lacombe, v° *Incendie*, n. 6 ; Basnage, *Coutume de Normandie*, art. 453, éd. de 1709.

34. Dans ce dernier système, le locataire est de plein droit responsable de l'incendie. Le principe de cette responsabilité se trouve dans le contrat de louage lui-même, et le texte *Incendia....* apparaît comme son raffermissement, mais non comme son origine et sa cause. C'est, nous pouvons le dire, la théorie du droit civil français.

Claude Serres, avocat à Montpellier, dans ses Institutes du droit français, édition de 1760, p. 503, met en relief cette doctrine d'une manière saisissante. Non seulement, dit-il, le locataire ou fermier est obligé d'exécuter entièrement les termes de son bail, mais même s'il y avait été omis quelque chose d'essentiel, il ne doit pas laisser d'y satisfaire. Et au surplus, on exige de lui, à l'égard de la chose louée, la même vigilance et le même soin qu'un bon père de famille y apporterait; faute de quoi il est responsable du dommage qui y peut subvenir, et n'est exempt que des cas fortuits.

De là vient qu'un locataire est tenu aussi de l'incendie de la maison qu'il a prise à louage et qu'il occupe, et la loi 3 *de Pref...* décide même que l'incendie est toujours censé arriver par sa faute ou celle de ses gens et qu'il en est par conséquent responsable, s'il n'est en état de prouver que l'incendie est survenu par un cas purement fortuit et autrement que par sa négligence, ou que le feu est venu d'ailleurs.

35. Pothier (Coutumes d'Orléans, Introduction au titre XIX, § IV, n. 25, p. 704) affirme nettement le principe contractuel de la responsabilité du locataire. Le preneur est tenu parce qu'il est *custos domus* et doit veiller à la conservation de l'héritage. Mais le célèbre jurisconsulte n'a point su faire abstraction du texte *Plerumque...* dont nous retrouvons l'influence sur la répartition qu'il fera de la responsabilité au cas de plusieurs locataires. Et ces hésitations, ces contradictions ne manqueront pas de passer dans notre code civil.

36. En résumé, avons-nous dit, le locataire doit prouver qu'il n'a pas commis de faute. Mais de quelle faute est-il tenu? Les principes généraux nous disent : il doit apporter à la conservation de la chose les soins d'un bon père de famille. Cela est bien vague et nous apprend peu de chose. Aussi bien, devons-nous rechercher, en fait, à quelles conditions le preneur était déchargé de toute responsabilité d'incendie.

37. Bourjon indique deux causes d'exonération : 1° la communication du feu par une maison voisine; 2° le vice de construction de la maison incendiée. Si, à ces deux cas, nous ajoutons les deux exceptions signalées par Pothier, qui visent l'incendie allumé par le feu du ciel et par des malfaiteurs, nous ne trouverons pas de formule plus heureuse pour résumer le dernier état de l'ancienne jurisprudence que le texte même de l'art. 1733 du code civil :

Il — le locataire — répond de l'incendie, à moins qu'il ne prouve :

Que l'incendie est arrivé par cas fortuit ou force majeure, ou par vice de construction,

Ou que le feu a été communiqué par une maison voisine.

38. Le locataire est responsable de l'incendie survenu par sa faute. Nous devons rechercher les fautes des tiers dont le preneur était tenu comme des siennes propres.

Le droit romain décidait que le locataire ne devait répondre des incendies arrivés par la faute de ses domestiques ou de ses hôtes, qu'autant qu'il était personnellement en faute d'avoir pris à son service, ou reçu chez lui, des personnes négligentes ou malveillantes.

Des principes plus rigoureux sur cette matière semblaient dominer dans notre ancienne jurisprudence.

Chopin (Coutume d'Anjou, liv. I, tit. IV, ch. XLIV) et Basnage, sur l'art. 453 de la Coutume de Normandie, décident

que le maître du logis doit indistinctement répondre de ses
domestiques, de ses pensionnaires et de ses hôtes. Cette opinion était partagée par la jurisprudence du parlement de Paris. — V. *Journal des Audiences*, I, liv. I, ch. XX; arrêt du
3 décembre 1605.

39. Rousseaud de Lacombe (¹) rapporte que les docteurs distinguent, en général, pour résoudre la responsabilité du fait
des domestiques, si le serviteur ou domestique a commis la
faute dans l'exercice de la fonction à laquelle il était préposé
ou hors de cette fonction. Dans le premier cas, le locataire
serait responsable, dans le deuxième, il ne le serait pas.

Mais ce jurisconsulte fait aussitôt remarquer que cette distinction n'avait aucune influence sur les rapports du propriétaire avec le locataire qui, dans tous les cas, était responsable
de ses domestiques et serviteurs, parce qu'il était *custos domus*.

Au contraire, la responsabilité du voisin n'existe qu'autant
que ses domestiques ont commis une faute dans leurs fonctions. Il est juste d'ajouter que le maître qui paie le dommage
causé par ses serviteurs et préposés est en droit de le répéter
contre eux.

40. Le locataire principal est également tenu de l'incendie
causé par le fait d'un sous-locataire.

Henrys, *loc. cit.*, en donne cette raison que le propriétaire
a traité avec le locataire principal, *cujus fidem secutus est*, et
que le sous-locataire lui est complètement étranger (²).

41. Nous devons ajouter, au témoignage d'Henrys, que le
propriétaire, dont la maison a été brûlée par la faute du locataire ou de ses domestiques, est privilégié sur les meubles et
les marchandises qui se trouvent dans sa maison et qui ont été
sauvés de l'incendie.

(¹) *Recueil de jurisprudence civile*, éd. de 1753, v° *Incendie*, n. 8.
(²) **En ce sens** : Bourjon, II, p. 41; Claude Serres, p. 503.

42. Le locataire est donc en principe tenu des suites de l'incendie. Que comprend la réparation qu'il doit de ce chef au propriétaire? Bourjon (II, p. 406) fixe de la manière suivante les éléments de la réparation.

Le locataire doit : 1° faire reconstruire à ses frais la maison incendiée; 2° payer les meubles et effets détruits pouvant appartenir au propriétaire; 3° payer le loyer jusqu'à la réfection complète de l'immeuble.

L'indemnité pouvait être, on le voit, très considérable, surtout si l'on considère que les maisons étaient le plus souvent construites en torchis et que, pour arrêter le cours des incendies, l'on ne disposait que de moyens rudimentaires.

Aussi bien usait-on de divers tempéraments. C'est ainsi que, d'après Basnage (*Coutume de Normandie*, art. 453), quand les bâtiments consumés par l'incendie sont vieux et dégradés, le locataire n'est pas tenu d'en faire reconstruire de neufs. On doit lui tenir compte de la différence du vieux au neuf.

Dans ces sortes de contestations, ajoute Denisart, v° *Incendie*, les juges usent ordinairement de quelque indulgence pour un malheureux déjà très à plaindre par les pertes qu'il a lui-même souffertes. Les *circonstances* servent aussi beaucoup à son soulagement.

Quelles étaient ces circonstances?

Les principes d'aide réciproque et de secours mutuel étaient en honneur dans l'ancien droit. Un malheur survenait-il : chacun s'empressait au secours de celui qui en était victime. C'est ainsi qu'un arrêt du parlement de Paris, du 1er août 1744, rapporté par Merlin, décide que le propriétaire qui a été indemnisé par des quêtes en grains et en argent et la remise des tailles, se trouve sans action contre les responsables de l'incendie.

43. Une dernière éventualité reste à prévoir. Une maison est abattue pour empêcher la communication du feu aux édifices voisins. On se demande si les propriétaires de ces édifices doivent contribuer à indemniser celui dont la maison a été sacrifiée ?

Certains auteurs concluent à la responsabilité en se basant sur la loi Rhodia et l'ordonnance de la marine de 1681 qui veulent que, lorsque dans une tempête ou une agression, l'on est obligé de jeter à la mer une partie du chargement d'un navire pour sauver le reste, les propriétaires du navire et des effets sauvés soient tenus de contribuer aux pertes. Ainsi le décide l'art. 604 de la Coutume de Bretagne : « Si le feu est » en quelque maison, on peut abattre les voisines pour arrêter » le feu ; et ceux de qui les maisons auront été, par ce moyen, » vraisemblablement sauvées, doivent contribuer au dédom- » magement ».

Voët soutient l'opinion contraire et se refuse à étendre l'application de la loi Rhodia à l'incendie d'un immeuble. Il est équitable, dit-il, que chacun contribue, dans une tempête, à la perte du chargement sacrifié pour le salut commun. Le danger est le même pour tous. L'incendie, au contraire, menace plus le voisin immédiat que le voisin éloigné. Aucune assimilation n'est possible.

44. En pratique, d'après de Ferrière (¹), « quand il arrive quelque incendie, le magistrat qui a la police doit s'y transporter sur-le-champ et se faire donner des secours pour l'éteindre. S'il voit qu'il y ait un danger évident que le feu gagne plus avant, il doit faire abattre les maisons voisines.

» Ceux de qui les maisons auront été, par ce moyen, vraisemblablement sauvées doivent contribuer au dédommagement des particuliers dont les maisons ont été abattues ».

(¹) Dictionnaire de droit et de pratique, éd. de 1762, vᵒ *Incendie*.

Dans son dernier état, la jurisprudence faisait une distinction. Si le feu était parvenu jusqu'à la maison abattue, le propriétaire se trouvait sans action, parce qu'on ne lui avait fait
aucun tort.

Au contraire, le feu s'est-il éteint avant de parvenir à la
maison abattue, le propriétaire aura une action, parce que sa
maison n'aurait point été brûlée si on l'avait respectée.

45. Nous avons ainsi tracé l'historique rapide de la responsabilité du locataire occupant seul la maison louée. Nous devons
examiner comment se distribue la responsabilité d'incendie,
lorsque plusieurs locataires occupent la même maison.

Au cas de pluralité de locataires, la responsabilité d'incendie
se ressent des incertitudes et des hésitations de l'ancien droit.
Juridiquement, chaque locataire aurait dû répondre de la partie de maison qu'il occupait. C'était l'objet de son contrat.

On serait tenté de trouver (¹) cette solution dans un arrêt du
Parlement de Toulouse, du mois d'août 1768, rapporté par
Claude Serres (*Institutions du droit français*, p. 503).

Voici l'espèce. Deux particuliers ayant loué conjointement
et par le même acte une maison, sans la diviser dans cet
acte, furent l'un et l'autre déclarés responsables de l'incendie
survenu à une partie de cette maison. Mais, dans cette hypothèse, s'il y a plusieurs locataires, il n'y a qu'une seule obligation qu'ils sont tenus d'exécuter, sauf entre eux les recours de
droit.

46. Pothier, qui avait su dégager les véritables principes de
la responsabilité du locataire, sacrifie ces principes à la fameuse
présomption de faute *Incendia plerumque*..., à laquelle il fait
subir une restriction singulière.

« Lorsque, dit-il, il y a dans une maison deux locataires

(¹) *A contrario.*

» principaux, chacun d'une partie de la maison, si on peut
» connaître par quelle partie de la maison le feu a pris, il sera
» seul tenu de l'incendie, la présomption étant que l'incendie
» est arrivé par sa faute. Si on ne peut savoir par quelle partie
» de la maison le feu a commencé, étant incertain en ce cas
» par la faute duquel des deux locataires l'incendie est arrivé,
» il y a lieu de penser qu'aucun des deux n'en sera tenu » (¹).

47. Cette opinion repose sur le principe de la personnalité des fautes. Elle était restée isolée, et l'on accordait au propriétaire une action solidaire contre chacun de ses locataires. Il serait, en effet, bien singulier, dit Merlin, que l'on fût sans action, dans le cas où le nombre des locataires multiplie la présomption de faute, tandis que l'on en accorde une dans le cas où il ne se trouve dans la maison qu'un seul chef de famille, et que, par conséquent, la présomption de faute a moins de latitude.

Ce système a été mis en relief et confirmé par un arrêt de la grand'chambre du Parlement de Paris, du 3 août 1777 (²). Une ferme avait été incendiée au moment où deux fermiers l'habitaient : le fermier entrant en vertu d'un bail tout récent, le fermier sortant en vertu d'un bail près d'expirer. La cause et l'origine de l'incendie étaient ignorées.

L'arrêt adopta les conclusions de l'avocat général Séguier, qui avait soutenu « qu'à défaut de preuve que l'incendie eût été
» causé par une force majeure ou par un cas fortuit, on devait
» l'attribuer à la faute de l'un des fermiers ; et que dans l'in-
» certitude de savoir qui des deux avait commis cette faute,
» ils devaient en supporter les dommages-intérêts ». C'est ce système qui a inspiré l'art. 1734 ancien du code civil.

48. En définitive, nous pouvons condenser les principes de

(¹) Coutumes d'Orléans, introduction au titre XIX, § 4, n. 25, p. 704.
(²) Merlin, *Rép.*, *loc. citato*.

l'ancien droit sur la responsabilité du locataire à raison de l'incendie dans les propositions suivantes :

Le locataire est tenu de l'incendie causé par sa faute légère.

Il est présumé en faute. Mais cette présomption disparait devant la preuve contraire.

Au cas de pluralité de locataires, ils sont tous solidairement responsables de l'incendie.

CHAPITRE III

49. Le but du législateur de 1804 a été de faire cesser la diversité de jurisprudence qui existait dans le dernier état de l'ancien droit. En notre matière, il a admis l'opinion dominante, mais il ne semble pas s'être préoccupé de lui donner une base juridique.

Les art. 49 et 50 du titre XIII du liv. III du code civil, devenus dans la rédaction définitive les art. 1733 et 1734, statuaient sur la responsabilité du locataire à raison de l'incendie. Ils furent votés sans opposition.

50. L'art. 1733, qui établissait le principe de la responsabilité, donna lieu, devant le Conseil d'Etat, à quelques observations de M. Defermon qui fit remarquer que l'on imposait au preneur une obligation lourde à laquelle il lui serait difficile de satisfaire. Comment prouver, en effet, que l'événement est arrivé sans sa faute ?

Tronchet répondit que « des preuves de cette nature se tirent des circonstances », et l'article fut voté sans autre discussion [1].

51. L'art. 1734 C. civ. édictait la responsabilité solidaire des locataires habitant dans le même immeuble.

Cette disposition rigoureuse, adoptée par d'anciens arrêts, fut vivement critiquée par divers tribunaux qui furent appelés à donner leur avis sur le projet de notre code civil.

Cet article qui, sous certaines preuves négatives, édicte la

[1] V. Fenet, *Recueil complet des travaux préparatoires du C. civ.*, XIV, p. 249.

responsabilité solidaire des locataires, disait le tribunal de Colmar, paraît contraire à l'équité et à tous les principes. Nul ne peut être engagé sans son consentement. La loi ne peut obliger personne à courir des risques qu'on ne peut prévoir ou qu'on ne peut éviter sans s'obliger volontairement. Sans doute, un locataire doit être responsable ; mais cette responsabilité doit avoir des bornes et être réglée d'après les principes de justice.

Et le tribunal de Lyon, estimant qu'il n'est pas possible d'établir un lien de solidarité entre des locataires choisis sans la participation et souvent contre le gré les uns des autres, proposait, au lieu et place de celle du gouvernement, la rédaction suivante :

« Si aucun ne peut prouver dans l'habitation duquel le feu a » commencé, ils sont tenus des dommages chacun pour sa part » et portion » (¹).

Le principe de la solidarité n'en fut pas moins voté sans opposition sérieuse. Seul Lacuée fit observer que la disposition de cet article était trop dure. Mais Treilhard répondit que l'on ne pouvait retrancher à cette rigueur sans priver le propriétaire de son recours.

52. Il faut, à notre avis, chercher la raison d'être de cette disposition dans le désir d'une protection peut-être excessive des droits du propriétaire, au détriment des vrais principes juridiques. C'est la pensée exprimée au Corps législatif dans les termes suivants :

« Ces règles sont sages, conservatrices de la propriété à » laquelle le bailleur n'a aucun moyen de veiller ».

Nous nous bornerons à indiquer ici qu'une loi du 5 janvier 1883 a substitué à la responsabilité solidaire la responsabilité proportionnelle des locataires qui est, seule, rationnelle et juridique.

_____

(¹) Fenet, IV, p. 200.

DEUXIÈME PARTIE

CHAPITRE PREMIER

LA RESPONSABILITÉ DU LOCATAIRE UNIQUE

SECTION PREMIÈRE

FONDEMENT JURIDIQUE DE LA RESPONSABILITÉ DU LOCATAIRE EN CAS D'INCENDIE. (ART. 1733 C. CIV.)

53. L'art. 1733 du C. civ. est ainsi conçu :

« Il [le locataire] répond de l'incendie, à moins qu'il ne prouve :

» Que l'incendie est arrivé par cas fortuit, force majeure ou par vice de construction ;

» Ou que le feu a été communiqué par une maison voisine ».

Le locataire est donc tenu *de plano* de l'incendie survenu à la chose louée. Cette disposition est-elle conforme aux règles du droit commun, ou bien constitue-t-elle une exception à ces mêmes règles, une anomalie ?

L'obligation d'indemniser le propriétaire résulte-t-elle du contrat de bail, et, à ce titre, constitue-t-elle une obligation contractuelle ? Ou bien dérive-t-elle d'une présomption de faute spéciale que la loi porterait contre tout occupant d'un immeuble incendié : *plerumque incendia...* et alors est-elle une obligation délictuelle ?

54. Avant de trancher cette alternative, nous allons marquer les différences les plus saillantes qui distinguent la responsabilité qui naît du contrat de celle qui naît du délit. Les principes que nous dégagerons ainsi nous dirigeront dans les nombreuses controverses de notre étude.

Jusqu'à ces derniers temps, l'on était unanime à admettre, pour ainsi dire sans discussion, l'existence dans notre droit d'une double responsabilité : la responsabilité contractuelle et délictuelle.

C'est ainsi que M. Sainctelette a pu dire dans une phrase qui semble défier toute contradiction : « Un dommage peut être » causé par une personne à une autre personne de deux façons : » en contrevenant à la loi ou en n'exécutant pas le contrat, en » enfreignant la volonté publique ou en manquant à la parole » donnée » (¹).

55. Mais la discussion est venue, et de jeunes et brillants auteurs (²) ont nié cette double responsabilité. Pour eux, qu'elle soit un manquement au contrat ou qu'elle constitue une infraction à l'art. 1382, la faute se ramène à une violation de la loi. Elle a donc, dans tous les cas, un caractère délictuel.

Nous nous empressons de nous mettre d'accord avec les partisans de l'unité de faute, sur un point qui est hors du débat. Comme eux, nous pensons que la faute est un manquement à une obligation préexistante, mais nous pensons, contrairement à eux, que la violation, c'est-à-dire la faute, revêt un caractère distinct suivant qu'elle atteint une obligation contractuelle ou une obligation légale.

56. La thèse de l'unité de faute a été, pour la première

<hr/>

(¹) *De la responsabilité et de la garantie*, p. 7, n. 3.
(²) Grandmoulin, *Nature délictuelle de la responsabilité pour violation des obligations contractuelles.* Thèse Rennes, 1892 ; Aubin, *La responsabilité délictuelle, la responsabilité contractuelle.* Thèse Bordeaux, 1897.

fois, soutenue par M. Lefebvre, qui l'a mise en relief dans un article paru dans la *Revue critique*, sous le titre de *Responsabilité délictuelle et contractuelle* (¹). Nous reproduisons les arguments principaux de cette dissertation. D'après cet auteur, il ne faut point chercher ailleurs que dans l'art. 1382 toute la théorie juridique de la responsabilité. Le contrat peut bien modifier la responsabilité, mais il n'en change pas la nature, il ne crée pas une responsabilité spéciale.

La faute consiste à faire ce qu'on n'a pas le *droit* de faire ou à ne pas faire ce qu'on a l'*obligation* de faire. Elle est un fait illicite, alors même qu'elle ne violerait que le contrat, parce que l'on doit assimiler le contrat à la loi. L'on aperçoit déjà la conclusion. La faute étant une, et la responsabilité étant indissolublement liée à la faute, il n'y aura non plus qu'une sorte de responsabilité.

Dans l'application de ces principes aux contrats, une distinction doit être faite entre les contrats qui ont pour objet un corps certain et ceux qui ont pour objet une prestation.

Voici le sophisme singulier que M. Lefebvre émet à l'appui de sa théorie.

Dans le contrat qui a pour objet un corps certain, le propriétaire transfère la *possession* de cette chose à un tiers détenteur; mais il reste propriétaire. Le détenteur s'engagerait non à rendre et à restituer, comme on le dit improprement, mais à remettre, dans un certain délai, le propriétaire en possession de la chose.

Maintenant, si le corps certain périt au cours du contrat, le contrat est rompu faute d'objet. Il n'y a plus ni propriétaire, ni maison louée, ni preneur. Le contrat ayant cessé d'exister, ne peut plus produire d'effet.

(¹) *Revue critique*, année 1886, p. 485.

Dᴇ L.   3

Quand les partisans de la double responsabilité disent que
le contrat obligeait le détenteur à restituer et, à défaut, à
payer la valeur de la chose, ils commettent une erreur, parce
que le détenteur étant *simple possesseur*, ne saurait *rendre* et
restituer, ce qui est le fait du propriétaire.

Ne laissons pas s'accréditer cette inexactitude juridique. La
loi emploie un terme propre, lorsqu'elle parle de la restitution
que doit le détenteur. Le détenteur n'est ni *possesseur*, ni
propriétaire; il est lié par un contrat avec le *propriétaire* et
possesseur et le contrat lui impose l'*obligation* de restituer
l'objet qu'il détient. L'impropriété des termes existe donc plutôt dans la critique que dans la loi.

La chose a péri, ajoute M. Lefebvre. Le propriétaire éprouve
un dommage. Il va s'adresser au détenteur, non point pour lui
demander l'*exécution du contrat* qui n'existe plus, mais pour
obtenir réparation du dommage, et à la condition de prouver
sa *faute*. Il sera astreint aux mêmes preuves que pour la faute
délictuelle.

A la vérité, l'art. 1302 paraît bien gênant pour cette théorie.
Mais elle croit en donner une explication suffisante en disant
que l'on se fait illusion sur la portée réelle de ce texte. En cas
de perte de la chose, le détenteur n'est point libéré *ipso facto*.
Cela est vrai, mais s'il est tenu, ce n'est point par le contrat,
mais en vertu d'une *présomption de faute*. Il est censé avoir
commis une faute qui a causé la perte. La responsabilité dérive non pas du contrat, mais de la faute. Aussi bien l'art.
1302 au lieu d'être le droit commun des contrats est-il, dans
cette théorie, une exception aux règles générales.

L'auteur de cette dissertation, subtile et difficile, arrive à
cette conclusion, c'est que la faute est toujours délictuelle, et
que le contrat, qui élargit son champ d'action, est sans influence
sur sa nature et ses effets. Cette théorie repose sur des confu-

sions graves et si on la creuse, l'on s'aperçoit vite qu'elle aboutit non seulement à la négation de la faute contractuelle, mais à la négation du contrat lui-même. Elle se résume, en définitive, dans une affirmation de la faute unique, et elle n'a eu qu'un seul mérite — si cela en est un — celui d'avoir suscité de nouveaux adeptes, de brillants défenseurs qui ont organisé une attaque savante et méthodique contre la double responsabilité.

57. Telle est l'origine de la doctrine de MM. Grandmoulin, Planiol et Aubin. Ces distingués auteurs ont pris une à une les différences irréductibles signalées par l'opinion commune entre les deux fautes et ils se flattent d'avoir fait l'unité. Nous ne sommes point convaincu, et nous serons mieux à l'aise pour justifier notre adhésion à l'opinion commune, lorsque nous connaîtrons les critiques qui sont venues la frapper.

58. La faute est, à notre avis, un manquement à une obligation *légale* ou *conventionnelle*. Je suis en faute, parce que je n'accomplis pas le fait auquel je me suis obligé (obligation conventionnelle); je suis en faute, parce que j'empiète sur le droit d'autrui *neminem lædere* (obligation *légale*).

Les obligations qui se trouvent ainsi violées sont de nature distincte. La faute aura-t-elle une nature différente suivant qu'elle constituera une infraction à une obligation légale ou contractuelle? On le nie.

L'obligation *violée* — qu'elle dérive de la loi ou du contrat — serait nécessairement une obligation légale. Cela est sans discussion pour l'art. 1382. Il en irait de même pour l'obligation contractuelle. Sa violation constituerait la violation d'une obligation légale. Et l'on raisonne ainsi :

« Lorsque l'inexécution de l'engagement du débiteur est due
» à une faute de sa part, c'est que cette inexécution a pour
» cause un acte qui lui est imputable, et cet acte est nécessai-

» rement distinct de l'inexécution, puisqu'il en est la cause.
» Or, cet acte qui constitue la faute est contraire à la loi qui
» commande d'exécuter les conventions et qui leur commu-
» nique leur force obligatoire. De là, il résulte que l'obligation
» de payer les dommages-intérêts à raison de l'inexécution
» d'un contrat ne naît pas du contrat mais de la loi. La faute,
» même dans les contrats, est délictuelle » (¹).

59. Ce raisonnement est spécieux. L'on confond, en effet, la
sanction de la faute avec la cause qui seule cependant doit fixer
sa nature juridique. Pourquoi suis-je en faute dans le contrat?
C'est parce que j'ai voulu que si un événement déterminé se
produisait (retard, inexécution) il constituât une faute. Et c'est
tellement le contrat qui engendre la faute que les parties sont
libres de doser le degré d'incurie nécessaire pour la constituer,
et que même en l'absence de conventions spéciales, le point où
la faute commence variera avec les contrats. La loi intervient,
il est vrai, mais à quel titre? Uniquement pour sanctionner la
faute qui naît du contrat, pour sanctionner le contrat lui-
même. Et il est si vrai que la loi n'intervient que pour faire
respecter les contrats, qu'elle interdit à ses juges de modifier la
réparation de la faute, lorsque les parties l'auront elles-mêmes
fixée par une clause pénale. La loi ne crée pas la faute, puisqu'elle suit à son sujet jusqu'aux moindres désirs du contrat.
Au contraire, dans la prévision de l'art. 1382, la loi nous apparaît à la fois *cause* et *sanction* de la faute. La loi pose en principe que les citoyens doivent mutuellement se respecter dans
leurs biens et dans leurs personnes. *Neminem lædere.* La loi
s'empare de ce principe de droit naturel et l'impose à tous
obligatoirement. Si l'on viole ce principe, on commet une
faute légale ou délictuelle, parce qu'elle a la loi pour cause et

(¹) Planiol, *Note*, D., 96. 2. 457.

pour origine. Et cette violation a nécessairement la loi pour sanction.

Donc, il est indéniable qu'il existe deux fautes spécifiquement distinctes : la contractuelle et la délictuelle dérivant, l'une du contrat, l'autre de la loi. Pour soutenir l'unité de faute, il faudrait reprendre la thèse du contrat social et nul n'y songe. Le contrat, c'est la volonté ; la loi, la contrainte, c'est-à-dire deux éléments irréductibles.

60. Il y a donc entre les deux responsabilités un fossé profond. Le législateur — qui a pour mission d'édicter des dispositions précises et non d'élaborer des théories — a marqué à sa manière cette distinction dans le classement des matières du code civil. En effet, il soumet la responsabilité délictuelle à des règles placées au livre III, titre IV du code civil, sous la rubrique : *Des engagements qui se forment sans convention*, tandis que la responsabilité contractuelle obéit à des dispositions placées au titre III de ce même livre III, sous la rubrique : *Des contrats ou des obligations conventionnelles*.

La distinction de la loi et des contrats est encore affirmée dans les intitulés des chapitres et leurs subdivisions. Les règles de la responsabilité délictuelle sont écrites au titre IV, chap. II : *Des délits et des quasi-délits*. Les règles relatives à l'exécution des contrats sont inscrites au chap. III : *De l'effet des obligations conventionnelles*, du tit. III, et figurent dans une section intitulée : *Des dommages-intérêts résultant de l'inexécution de l'obligation*.

61. En outre de cette distinction primordiale de nature, l'opinion commune constate une différence dans l'appréciation de la faute résultant du contrat et de celle qui dérive de la loi. Dans le délit, le *fautif* répond du plus léger manquement. *In lege Aquilia et levissima culpa venit*. Dans le contrat, la faute s'apprécie plus largement, suivant les circonstances.

Les partisans de l'unité ne nient point la différence. Ils tentent seulement de l'expliquer. D'après eux, l'on confond l'étendue de l'obligation avec la gravité de la faute. Si des négligences légères sont amnistiées, ce n'est point qu'elles ne constituent des fautes, mais que le contrat les a prévues et excusées d'avance. Il n'y aurait donc pas différence de nature, mais absence d'obligation.

Il est bien certain que dans le contrat la faute ne commence qu'avec l'obligation. Mais c'est précisément ce qui constitue sa nature propre, de telle sorte qu'il est impossible d'apprécier, *in abstracto*, un fait, un manquement, et que pour savoir s'il est une faute, il faut le rapprocher du contrat.

Au contraire, s'il y a violation du précepte légal, l'on peut immédiatement savoir s'il y a faute. Il suffit d'apprécier le fait en soi. La règle est inflexible.

Ainsi, dans la pratique, un homme d'affaires dira au client qui le consulte sur l'inexécution d'un contrat : Montrez-moi vos titres. Il répondra, au contraire, immédiatement, par oui ou par non, la preuve mise de côté, si on l'interroge sur une violation du précepte légal.

L'on crée à sa volonté la responsabilité contractuelle, l'on ne peut toucher à la responsabilité délictuelle.

Il nous semble que c'est une différence !

62. Décidés à supprimer toutes les distinctions relevées entre les deux fautes par l'opinion commune, les partisans de la responsabilité unique nient qu'elles soient soumises à des modes différents de preuve. Et ils se livrent à une décomposition minutieuse des éléments de la preuve que doivent rapporter la *victime* ou le *créancier* pour triompher dans leur action. Nous ne les suivrons pas dans ce dénombrement. Au surplus, la preuve est une circonstance accessoire dans le débat.

Mais cependant n'est-il point apparent qu'il y a entre les deux hypothèses une différence profonde, même à ce point de vue ? Que doit prouver celui qui réclame des dommagec-intérêts en se fondant sur le contrat ? Une chose : le contrat qui le constitue créancier d'une obligation (art. 1315, 1°) Le débiteur devra faire *la preuve négative de l'absence de faute*. A défaut l'obligation inexécutée se résoudra en dommages-intérêts. Le demandeur ne se préoccupe donc pas de la faute : c'est affaire et charge du défendeur. (Art. 1315, 2°).

Au contraire, en matière délictuelle, le demandeur en dommages-intérêts devra, pour réussir, établir *la faute* en la personne du défendeur. La preuve sera donc plus facile dans le premier cas que dans le dernier.

63. La discussion à laquelle on s'est livré à propos de la preuve n'est pas restée inutile. Elle a relevé cette inexactitude de langage qui consiste à dire que la faute du débiteur se *présume* en matière d'obligations conventionnelles. L'on a fait remarquer avec infiniment de justesse que la *présomption légale* s'entend d'*une dispense de preuve*. On ne saurait demander au créancier qu'une chose : la preuve de sa créance. Ce faisant, il s'est acquitté de la preuve qui lui incombait, et il n'y a pas de faute à présumer en sa faveur. Le fardeau de la preuve passe au débiteur, et il sera condamné s'il n'établit pas l'absence de faute. Il n'est pas besoin, on le voit, de faire appel à la présomption de faute.

64. L'on a signalé une autre différence entre les deux fautes. L'étendue de la responsabilité délictuelle serait plus large que l'étendue de la responsabilité contractuelle. Ainsi, tandis que l'art. 1382 oblige l'auteur du délit à la réparation de toutes les suites directes de l'acte dommageable, la responsabilité contractuelle se proportionnerait à la gravité de la faute commise, sans que jamais elle puisse aller au-delà de ce qui se rattache immédiatement au contrat. La réparation contractuelle suit une gradation dont les traits les plus élevés confinent seuls à la réparation délictuelle qui, elle, est toujours constante dans ses effets.

65. Nous convenons fort bien que les art. 1149 et 1150 s'inspirent de la tradition romaine que Ihering a nommée : « le principe d'équilibre entre la culpabilité et la réparation ». Le degré de la culpabilité fait varier la mesure de la responsabilité. Ces principes ne s'appliquent que pour la faute contractuelle, car dans le délit la faute est toujours réputée dolosive et entraîne la réparation intégrale.

Nous mentionnons encore, à côté de ces différences qui sont les plus saillantes, la nécessité d'une mise en demeure et la validité des clauses dites d'irresponsabilité dans la faute contractuelle.

66. Nous pouvons donc conclure avec M. Fromageot : « Le » devoir né de la loi est d'une toute autre nature que le devoir » né de la convention. Le premier a pour objet le respect du » droit d'autrui ; le second consiste dans la prestation d'un ser- » vice commun. Le premier a pour corrélatif un droit qui, en » principe, appartient à tous et dont tous peuvent se prévaloir ; » le second ne fait naître de droit qu'au profit d'une personne » déterminée et contre une autre également déterminée » (¹).

Nous admettons la dualité des fautes. Nous allons appliquer les conséquences que nous avons déduites de ce principe fécond à la responsabilité du locataire à raison de l'incendie.

67. Nous avons établi qu'à Rome et dans notre ancienne jurisprudence, l'incendie n'était pas considéré comme un cas fortuit en soi, mais comme résultant ordinairement d'une faute de l'habitant. D'où la conséquence que le locataire n'était libéré de la restitution que par le cas fortuit et l'absence de faute.

L'art. 1733 s'est approprié cette doctrine. L'incendie est un

---

(¹) Fromageot, *De la faute comme source de la responsabilité en droit privé*, p. 18.

fait indifférent en soi à la responsabilité du locataire qui ne sera libéré qu'autant que dans ce fait il y aura absence complète de faute de sa part. Nous le pensons ainsi, et cette opinion est prépondérante dans la doctrine, bien qu'il soit juste de reconnaître que la présomption spéciale de faute portée en l'adage *Plerumque incendia* n'a point été sans marquer son empreinte sur notre droit.

68. Toullier ([1]) assigne une origine purement délictuelle à la responsabilité du locataire. C'est, en effet, sous le titre IV, *Des engagements sans convention*, chapitre *Des délits et quasi-délits*, qu'il place l'examen de cette question. D'après Troplong, cet auteur se serait laissé influencer par d'anciens arrêts que la raison n'approuve pas, par la coutume de Bretagne et par l'art. 1733, sur la portée duquel il ne s'est pas fait de justes idées.

Nous pensons qu'il faut chercher la cause de cette erreur dans la confusion que commet Toullier entre les fautes contractuelle et délictuelle. Nous le voyons, en effet, critiquer la juste distinction formulée par Merlin entre ces deux sortes de fautes, et nier que la faute aquilienne doive être plus rigoureusement recherchée que la faute contractuelle. Le principe de toute responsabilité résiderait dans les articles 1382 et 1383. La notion de la dualité des fautes répugne à la raison, car elle aurait pour conséquence d'obliger plus rigoureusement à la conservation de la chose incendiée la personne qui n'en est nullement tenue, c'est-à-dire le tiers, que celle qui en est tenue par contrat. Et il concluait, résumant toutes ses idées sur cette matière : ainsi plus de distinction ni de sous-distinction sur la nature des fautes et des contrats, surtout en cas d'incendie, où il n'y a point de fautes légères.

Maintenant, en ce qui concerne la preuve, la loi vient au

([1]) Toullier, XI, n 159 s.

secours de ceux qui ont souffert le dommage d'incendie et crée à leur profit une présomption de faute. Cette présomption est basée sur ce fait d'expérience que l'incendie n'arrive presque jamais sans la faute ou l'imprudence des personnes qui habitent la maison et en outre sur les difficultés insurmontables qu'éprouverait le bailleur à prouver la faute du locataire ou celle des personnes dont la loi le déclare responsable.

Nous allons encore relever les traces de la confusion commise par Toullier dans l'étendue qu'il donne aux dommages-intérêts à raison de l'incendie. « On ne peut douter davantage, dit-il (¹), que les locataires ou les propriétaires qui habitaient la maison incendiée, soient tenus de réparer le dommage que l'incendie a causé aux maisons voisines où le feu s'est communiqué, en partant du principe qu'établit notre art. 1383 qui oblige à réparer le dommage, tous ceux par le fait, par la négligence ou par l'imprudence desquels il est arrivé ».

L'auteur, dont nous venons d'examiner la théorie, peut donc être considéré comme le devancier de certains jurisconsultes contemporains qui prétendent ramener toute responsabilité à la responsabilité délictuelle. Il va même plus loin que ces derniers puisqu'il décide que la responsabilité du contrat, loi des parties, n'est point réduite à la valeur de l'objet de ce contrat.

69. Duvergier (²), le continuateur de Toullier, considère la disposition de l'art. 1733 comme exorbitante et exceptionnelle. Ce caractère exceptionnel résulterait de ce que le demandeur n'aurait point à rapporter la preuve de la faute pour fonder son action, alors que cette preuve lui incomberait d'après le droit commun.

70. Cette théorie procède de la même confusion d'idées que nous avons signalée dans l'œuvre de Toullier.

(¹) Toullier, *op. cit.*, n. 172.
(²) Duvergier, I, p. 407 s., n. 412.

Et d'abord, il est inexact de dire que le bailleur fonde son action sur la faute du preneur. Il la base sur l'obligation que le preneur a contractée de restituer la chose. La seule preuve qui lui incombe, c'est la preuve du bail. Le preneur lui oppose une exception en se prétendant libéré par un cas fortuit. Il devient donc demandeur en son exception et assume la charge de la preuve : *reus in excipiendo fit actor*.

Si l'incendie était un cas fortuit, le locataire serait libéré par l'accident lui-même. Mais ici le fait vient fortifier le droit. L'expérience nous apprend, en effet, que l'incendie est rarement dû à un cas fortuit, mais le plus souvent à l'imprudence des personnes qui habitent la maison. Il est la conséquence habituelle du défaut de surveillance du locataire.

Voilà comment l'incendie, au lieu d'être pour le locataire un indice de libération, est un fait indifférent pour son exonération.

71. Il est arrivé parfois à la jurisprudence, avant et surtout, semble-t-il, depuis la loi du 5 janvier 1883 qui fera l'objet principal de notre étude, de commettre la confusion des fautes contractuelle et délictuelle. C'est ainsi que la cour de Paris, adoptant l'opinion de Toullier et de Duvergier, a pu considérer que l'art. 1733 était une exception à ce principe qui oblige tout demandeur à prouver que le préjudice provient du fait ou de l'imprudence du défendeur ([1]).

Et tout récemment encore ([2]), le tribunal civil de Bordeaux, méconnaissant le caractère contractuel de la responsabilité du locataire, jugeait : « Que la responsabilité du locataire, en ma-
» tière d'incendie, prend sa source dans les art. 1382 et s. du
» C. civ.; qu'elle est soumise, en conséquence, aux règles géné-

([1]) Dalloz, *Rép.*, v° *Louage*, n. 388, note 1.
([2]) Trib. Bordeaux, 18 nov. 1896, *Rec. des Arrêts de Bordeaux*, 1897, 2. 13.

» rales qui régissent les dommages-intérêts; que s'il en est
» spécialement parlé dans les art. 1733 et 1734 du même code,
» ce n'est point pour en changer la nature et la faire découler
» du contrat de bail, mais c'est dans le but d'apporter une
» modification à l'ordre des preuves qui doivent l'établir; que
» la faute, en effet, qui d'habitude doit être prouvée par le
» demandeur, est ici et par exception légalement présumée et
» que, contrairement aux principes généraux du droit, le loca-
» taire doit démontrer qu'il n'est pas l'auteur de l'incendie ».

Nous ne connaissons pas d'autre décision qui ait ainsi assigné
la faute délictuelle comme base unique et exclusive de la responsabilité du locataire.

72. La cour de cassation avait su, dès le début, dégager les
vrais principes. « La présomption légale n'a été établie par les
» art. 1733 et 1734 C. civ. contre les locataires, que dans le
» seul intérêt du propriétaire de la maison louée, et cela par
» une suite des obligations spéciales du preneur envers le
» bailleur, et des soins qu'il doit, comme le dépositaire, ap-
» porter à la conservation de la chose » (¹).

73. Cette jurisprudence était devenue commune à toutes les
cours d'appel, et le principe contractuel ne *devrait* plus être
mis en discussion en présence de l'interprétation législative
que la loi de 1883 a donnée de l'art. 1733.

En effet, le 18 mars 1879, M. Viette présentait à la Chambre des Députés une proposition de loi — dont il ne devait
rien rester — tendant à l'abrogation pure et simple des art.
1733 et 1734 C. civ.

L'auteur du projet s'exprimait ainsi dans son Exposé des
motifs :

« Les art. 1733 et 1734 du C. civ., par une dérogation au

(¹) Cass. civ., 18 déc. 1827, D. *Rép.*, vº *Louage*, n. 388.

» principe général des dommages-intérêts formulé dans les
» art. 1382 et 1383 du même code, ont établi contre le loca-
» taire d'un immeuble qui viendrait à être incendié la *présomp-*
» *tion de faute,* de négligence ou d'imprudence ».

Et plus loin :

« Il y a donc lieu de faire disparaître l'exception contenue
» dans la loi et de revenir au principe général édicté par les
» art. 1382 et 1384 » (¹).

74. Ce sont là des principes que nous avons démontré erro-
nés et qui ne pouvaient trouver grâce devant une commission
qui nomma pour son rapporteur M. Durand, alors professeur à
la Faculté de droit de Rennes. Voici l'opinion du rapporteur
sur la responsabilité édictée par l'art. 1733, opinion de tous
points conforme à celle que nous avons adoptée.

« Quelle est, dit le savant jurisconsulte, la situation du loca-
» taire vis-à-vis du bailleur ? C'est celle d'un débiteur, et pour
» préciser davantage, celle d'un débiteur de corps certain.
» Un immeuble lui a été livré pour un temps limité : il s'est
» obligé de veiller à sa conservation, il s'en est constitué gar-
» dien jusqu'à l'époque où il est tenu d'en opérer la restitu-
» tion. Il doit donc le rendre en l'état où il l'a reçu et s'il ne
» le rend pas, prouver qu'il est fondé à ne pas le rendre, c'est-
» à-dire que la perte est arrivée sans sa faute. La responsabilité
» inscrite dans l'art. 1733 C. civ. n'est en somme qu'une appli-
» cation logique des règles qui gouvernent les contrats. Aussi
» bien était-elle déjà admise dans la législation romaine, pro-
» clamée dans nos anciens Parlements et n'est-elle, sous le
» code lui-même, qu'une conséquence du principe général
» déposé dans l'art. 1302 » (²).

(¹) *Journal officiel* du 3 avril 1879, annexe n. 1261.
(²) V. Rapport Durand, *J. Off.*, Annexe au procès-verbal de la séance du
19 novembre 1881.

75. Tout le monde est d'accord pour assigner une origine contractuelle à la responsabilité du locataire. Le preneur est tenu, parce qu'il ne peut représenter l'objet qu'il s'est engagé de restituer. C'est un point acquis. Nous verrons cependant, dans l'analyse de l'art. 1734, que bien peu sont demeurés respectueux de ce principe qu'ils admettent comme un dogme lorsqu'il s'agit d'interpréter l'art. 1733.

SECTION II

PREUVE DE L'ABSENCE DE FAUTE

76. L'art. 1733 est l'application du droit commun. Le locataire est de plein droit tenu d'indemniser le propriétaire du préjudice que l'incendie lui cause. Il doit prouver qu'il n'est pas en faute, le cas fortuit ne se présumant pas. De quelle manière fera-t-il cette preuve? Telle est, ou plutôt telle était la difficulté qui, malgré qu'elle subsiste encore depuis la loi de 1883, n'a plus aujourd'hui de raison d'être.

77. Rappelons le texte qui vient en discussion.

Le locataire est tenu, à moins qu'il ne prouve :

« Que l'incendie est arrivé par cas fortuit ou force majeure » ou par vice de construction ;

» Ou que le feu a été communiqué par une maison voisine ».

Ce texte déroge-t-il au droit commun ou, en d'autres termes, alors que les art. 1302 et 1732 autorisent le débiteur à établir par tous les moyens que la chose a péri sans sa faute, le locataire est-il astreint à prouver directement certains faits déterminés qui seuls pourraient l'exonérer de la responsabilité? En résumé, l'art. 1733 est-il restrictif?

78. Si nous détachions ce texte des précédents historiques et des travaux préparatoires du code, nous serions tenté de lui reconnaître le caractère restrictif. Mais il n'en est pas ainsi, et nous ferons mieux ressortir l'erreur des partisans de la limitation des preuves, lorsque nous connaîtrons leurs arguments.

Aubry et Rau (¹) disent que si l'art. 1733 ne contient pas de dérogation au droit commun en ce qu'il met à la charge du preneur l'obligation de prouver les faits tendant à faire cesser sa responsabilité, il s'en écarte réellement en ce que pour donner au bailleur une garantie plus efficace, il restreint le cercle des moyens de justification du preneur.

Marcadé (²), qui. selon l'expression de M. Laurent, aime à critiquer tout le monde, se trouve parmi les partisans de la théorie restrictive. Il défend son opinion avec beaucoup de force et non sans une pointe de vivacité.

« Ce n'est pas, dit-il, une simple preuve négative de l'absence de faute que la loi demande ici, c'est la preuve positive de l'une des trois causes précisées dans l'article. A tort où à raison, la loi, pour forcer les locataires à une vigilance plus grande, ne les décharge qu'à la condition d'indiquer la cause de l'incendie. Elle pense que le besoin pour le locataire, de savoir, afin de pouvoir le dire lui-même, quelle est la cause de l'événement, le poussera, de même que l'idée d'une responsabilité solidaire, à exercer une surveillance plus active, non seulement sur les gens de sa maison, mais aussi sur les autres locataires, sur les voisins et sur les tiers, et arrivera dès lors à prévenir ou à arrêter beaucoup de ces sinistres qui ne sont déjà que trop nombreux. Non, la loi ne se contente pas de la négation du locataire qui, sans arriver à l'affirmation d'une des trois hypothèses prévues, se contenterait de prouver qu'il n'est pas en faute; et la preuve de cette idée se trouve, claire et saillante, dans notre art. 1733 et surtout dans sa combinaison avec celui qui le précède et celui qui le suit. D'abord, si le législateur

(¹) Aubry et Rau, IV, § 367, note 21.
(²) Marcadé, VI, p. 416.

n'avait eu que la pensée qu'on lui prête, s'il avait voulu dire
que le locataire échapperait à la responsabilité de l'incendie en
prouvant seulement qu'il a eu lieu sans sa faute, à quoi bon ce
soin de détails et d'hypothèses ainsi précisées ? Evidemment, si
telle avait été sa pensée, il eût dit tout simplement ici c equ'il
venait de dire dans l'art. 1732 : *à moins qu'il ne prouve qu'il
a eu lieu sans sa faute.* Mais il y a plus, non seulement l'art.
1733, dans cette supposition, ne serait pas rédigé tel qu'il est,
mais il n'existerait même pas, et les rédacteurs n'auraient pas
songé à l'écrire; car il ne servirait à rien, cet article, absolument à rien, et sa suppression complète ne ferait aucune espèce
de changement dans le code. Déclarer que le locataire répond
de l'incendie arrivant pendant sa jouissance, à moins qu'il ne
prouve qu'il a eu lieu sans sa faute, ce serait parler pour ne
rien dire, quand on vient de proclamer qu'il répond de toutes
dégradations ou pertes qui arrivent pendant sa jouissance, à
moins qu'il ne prouve qu'elles ont eu lieu sans sa faute ! Entendre l'art. 1733 comme le font MM. Duvergier, Troplong et
autres, c'est donc tout bonnement le supprimer et le retrancher
du code, en disant que le législateur ne l'a écrit que pour
répéter de suite une seconde fois ce qu'il venait de dire dans
l'article précédent... Et si l'art. 1732 indique le sens du nôtre,
l'art. 1734 ne l'indique pas moins, puisqu'il prouve péremp-
toirement que le code entend bien mettre l'incendie en dehors
du droit commun et en faire une position exceptionnelle. Puisque l'incendie est à ses yeux un cas à soustraire aux principes
ordinaires et à régir par des règles à part et plus sévères, ce
n'est donc pas pour reproduire la règle générale de l'art. 1732
qu'est faite la règle spéciale de l'art. 1733 ».

79. Marcadé et les partisans de la limitation des preuves
appuient leur opinion sur les deux arguments suivants : 1° l'inutilité de l'art. 1733 ; 2° la forme de sa rédaction.

80. A vrai dire, l'art. 1733 pourrait être inutile sans pour cela déroger au droit commun. Inutile, il l'est aujourd'hui, parce que la doctrine admet que la responsabilité du locataire dérive du contrat et que l'incendie n'est pas un cas fortuit en soi. Mais il ne l'était pas, à la promulgation du code civil, pour mettre fin aux controverses nées sous l'ancienne jurisprudence et qui n'auraient point manqué de se reproduire sans un texte précis.

81. Il est bien vrai que l'art. 1733 semble limiter le nombre et le mode des preuves. Il a la forme restrictive. Mais il faut l'interpréter à l'aide de la tradition et des travaux préparatoires du code civil. En effet, les rédacteurs du code civil ont reproduit les termes mêmes de Pothier, mais ils ne pouvaient pas reproduire l'explication qui précédait la formule insérée dans le code.

Voici le texte entier de Pothier : « Lorsqu'une maison est » incendiée, l'incendie est facilement présumé arrivé par la » *faute* du locataire, ou par celle de ses domestiques, desquels » nous venons de dire qu'il est responsable. C'est pourquoi il » est, en ce cas, tenu de rétablir la maison incendiée, à moins » qu'il justifie que l'incendie est arrivé par cas fortuit, ou que » le feu a été communiqué par une maison voisine où il avait » commencé » (¹).

Le code s'est donc approprié la doctrine de Pothier qui rattache la libération du locataire à l'absence de faute et énumère ensuite, à titre d'exemple, les cas les plus ordinaires d'exonération.

Nous devons, en conséquence, considérer l'art. 1733 comme énonciatif et non comme limitatif.

82. Mais, en outre de ce rapprochement, les travaux prépa-

(¹) Pothier, *Louage*, n. 194.

ratoires fournissent une réponse directe et aussi formelle que
possible aux critiques de la doctrine restrictive. Au tribunat,
Defermon s'émut de la rédaction de l'art. 1733 et fit remarquer
que sa disposition était trop rigoureuse. « Comment, disait-il,
le locataire pourra-t-il prouver que l'événement est arrivé *sans
sa faute* ? »

Tronchet répondit que les preuves de cette nature se tiraient
des circonstances, et l'observation n'eut pas d'autre suite (¹).

83. Aux raisons que nous avons déjà données, l'on peut
ajouter que l'incendie est un fait d'une nature spéciale, imputable d'ordinaire à une faute, à une négligence. Mais cette faute
peut ne pas exister à la charge du preneur, et la loi indique
les moyens justificatifs les plus usuels qu'il pourra employer
pour s'exonérer. Il fera cette preuve s'il établit que l'incendie
est dû à l'une des causes énoncées en l'art. 1733. Mais ces
faits sont-ils les seuls que puisse alléguer le preneur ? La loi ne
peut jamais prévoir l'infinie variété des faits et des circonstances. Elle pose des principes, donne des exemples pour
expliquer sa pensée ; là s'arrête la mission du législateur parce
que là s'arrête ce qu'il peut faire (²).

84. La jurisprudence s'est prononcée en faveur de notre
interprétation qui est celle de la grande majorité des auteurs.
L'on ne retrouve point sans doute la distinction aussi nettement accusée que dans la doctrine ; mais cela tient à la diversité des procès qui rarement permettent au juge de dégager le
droit des contingences et du fait. L'appréciation de la faute
rentre dans le domaine souverain du juge, et nous ne pouvons
nous étonner de trouver des décisions variant suivant les
espèces.

85. Quoi qu'il en soit, antérieurement à 1883, la jurispru-

(¹) Fenet, XIV, p. 249.
(²) Laurent, XXV, p. 310.

dence était généralement fixée en ce sens que le locataire est libéré, lorsqu'il démontre l'absence absolue de faute. La cour de Bordeaux avait mis en relief cette thèse dans les termes suivants :

« Attendu que, par une interprétation qui prévaut justement » dans l'application, le régime de l'art. 1733 est, sans doute, » adouci en ce sens que le locataire peut être exonéré, bien » que ne prouvant pas le cas fortuit précis par suite duquel » l'incendie est arrivé, s'il prouve au moins l'impossibilité » d'expliquer l'incendie autrement que par un cas fortuit quel- » conque dont on doit nécessairement présumer l'existence, » quoique la nature en demeure néanmoins inconnue ; qu'en » pareille hypothèse, la loi n'est point violée, parce que la réa- » lité du cas fortuit se trouve alors établie par la voie d'une » preuve indirecte ; mais que pour admettre comme suffisante » une preuve de cette espèce, il faut qu'elle repose sur des » faits rigoureusement concluants » (¹).

C'est la jurisprudence qui prévaut (²).

86. La thèse restrictive a été cependant appliquée par quelques arrêts. Dans ce système, le locataire doit fournir la preuve directe du cas fortuit, de la force majeure, du vice de construction ou de la communication du feu par une maison voisine. Le preneur doit établir, par tous les moyens de droit commun, que la cause qu'il assigne à l'incendie rentre dans l'un des cas énumérés par l'art. 1733.

Cette interprétation s'impose à ceux qui voient dans la responsabilité du locataire une disposition exceptionnelle. L'art.

(¹) Bordeaux, 18 mai 1865, *Journal des Arrêts de Bordeaux*, 65, p. 205.

(²) Rouen, 16 janv. 1845, D., 45. 2. 172. — Grenoble, 30 nov. 1852, et rej. Cass., 14 nov. 1853, D., 54. 1. 57. — Metz, 21 déc. 1854, D., 55. 2. 197. — Paris, 17 juin 1858, et Req., 20 avril 1859, D., 59. 1. 318. — Cass., 11 janv. 1870, D., 70. 1. 256.

1733 contient une présomption légale de faute délictuelle, et, pour être logique, il faut soutenir qu'il contient une limitation des modes de justification. L'on voit dans cette présomption une présomption semblable à celle des courtes prescriptions qui ne peut être repoussée que par la délation du serment (art. 2275). Le preneur, pour s'exonérer, devrait fournir la preuve positive et directe de l'une des circonstances prévues par l'art. 1733.

Nous avons réfuté cet argument qui a le tort de ne tenir aucun compte des précédents historiques et, ce qui est plus grave, de négliger et de méconnaître l'interprétation législative donnée sur ce point par la *loi du 5 janvier 1883*.

87. En faveur de cette thèse, l'on cite d'ordinaire un arrêt de la cour de Paris ([1]) qui est surtout remarquable parce qu'il a été objet d'un examen de la part de Troplong et de Marcadé. Et ce qui, au premier abord, peut sembler insolite, c'est que ces deux auteurs, champions, l'un de la théorie libérale, l'autre de la théorie restrictive, tombent d'accord pour critiquer cette décision.

Dans l'espèce envisagée, le preneur demandait à prouver que le feu avait pris dans un grenier où jamais ses employés n'entraient avec du feu; qu'aussitôt la nuit venue, on en fermait la porte; que dans les maisons voisines, il existait des ouvertures et des jours de souffrance non permis et donnant sur ce grenier; que plusieurs fois on y avait placé des réchauds de feu; qu'on y avait vu des hommes qui fumaient; qu'enfin les poutres qui traversaient le grenier étaient voisines de cheminées où il y avait des lésardes et des crevasses. Cette offre de preuve fut rejetée.

Troplong s'élève contre cette décision qui non seulement

([1]) Paris, 4 juillet 1835, D. *Rép.*, v° *Louage*, n. 370.

exige du preneur la preuve qu'il a pris toutes les précautions
d'un père de famille diligent, mais encore qu'il fasse connaître
la cause précise de l'incendie. Cela est conforme à ses idées
sur notre matière.

Mais que penser de Marcadé qui, lui aussi, désapprouve cet
arrêt et le déclare aussi mauvais en fait qu'en droit ? C'est qu'à
la vérité, il corrige ses principes trop exclusifs en rangeant dans
le cas fortuit tout ce qui n'est pas la faute. Ainsi donc, le preneur serait tenu d'apporter la preuve positive de l'une des trois
circonstances énumérées dans l'art. 1733 ; mais il pourrait, par
tous les moyens, établir le cas fortuit ou la force majeure qui,
en définitive, consisterait simplement dans l'absence complète
de faute. C'est la définition donnée par *Balde*, sur la loi *quæ
fortuit C., de pign. act.*, n 4 : « *Accidens quod per custodiam,
» curam vel diligentiam mentis humanæ non potest evitari ab eo
» qui petitur* ».

Nous nous demandons dans ces conditions quel est l'intérêt
pratique de cette grande controverse que les travaux préparatoires de la loi du 5 janvier 1883 auraient dû faire disparaître.

88. En effet, au cours de la discussion du projet de la commission, M. Bernard, député du Doubs, demandait par voie
d'amendement que l'art. 1733 fût modifié ainsi qu'il suit : « l'art.
1732 est applicable au locataire en cas d'incendie ». A l'appui,
il passait en revue les controverses de doctrine et de jurisprudence relatives au genre de preuve que devait faire le locataire
pour échapper à toute responsabilité et concluait ainsi non sans
quelque raison :

« Tout dans la jurisprudence n'est que confusion ; dans la
» doctrine, tout n'est que controverses. Eh bien ! ce que je vous
» demande est bien simple. Je vous demande de faire ce qu'ont
» fait plusieurs cours d'appel, c'est-à-dire d'appliquer purement
» l'art. 1732 du code civil en décidant que le locataire échap-

» pera à toute responsabilité, lorsqu'il aura démontré, d'une
» manière quelconque, qu'il n'est pas en faute, et en laissant
» aux tribunaux, aux juges du fond, la faculté illimitée d'appré-
» cier les faits qui peuvent constituer une faute de la part du
» preneur, ou qui peuvent, au contraire, mettre sa responsa-
» bilité à couvert ».

M. Durand, rapporteur de la loi, répondit que la jurisprudence de la cour de cassation était nettement fixée en ce sens
que la question de savoir si l'incendie a eu lieu par cas fortuit
se résout en une appréciation de fait qui est dans le domaine
exclusif des juges du fond. Liberté absolue d'appréciation pour
les cours et tribunaux, et par suite liberté absolue pour le locataire dans le choix des moyens de preuve et d'exonération.

Voilà quelle est la règle.

L'art. 1733, ajoutait-il, doit être interprété en ce sens que la
preuve à faire par le preneur consiste à établir que la perte a
eu lieu sans sa faute.

Devant ces observations et à cause de ces observations qui
constituent un commentaire autorisé de l'art. 1733, l'amendement fut rejeté, et il ne semblerait plus, dorénavant, que les
controverses puissent être remises en état. Et cependant des
auteurs distingués, MM. Richard, Maucorps (¹) reprennent à
leur compte la thèse de la restriction qui semblait implicitement, mais définitivement condamnée par la loi de 1883. Ils
n'apportent, au reste, aucun argument nouveau, et nous jugeons
inutile à ce sujet de rouvrir un débat qu'il n'est que temps de
clore.

89. Par quels moyens, à l'aide de quels modes de preuve le
preneur pourra-t-il s'exonérer de la responsabilité que l'art.
1733 fait peser sur lui? Une pareille préoccupation semble

(¹) *Traité de la responsabilité civile*, p. 220, n. 295.

oiseuse. En effet, un incendie éclate dans la maison occupée par un locataire. Que doit prouver ce dernier? L'absence de faute, avons-nous dit, et, comme il s'agit d'un pur fait, il fera cette justification par tous les moyens de preuve (art. 1348).

Duvergier (I, 436) a enseigné, cependant, avec la cour de Paris, qu'un locataire ne serait pas recevable à établir un ensemble de circonstances rendant seulement vraisemblable et probable l'un des cas d'exonération de l'art. 1733. C'est là une erreur certaine, exagérée encore par la cour de Toulouse qui, dans un arrêt (¹) analysé par Marcadé, a repoussé l'offre de preuve d'un locataire, en se basant sur ce qu'elle n'avait pas pour point d'appui des documents indépendants de la preuve testimoniale. Cette singulière théorie n'a point trouvé grâce devant la cour de cassation qui a décidé qu'il n'est pas permis aux juges de repousser ici, en principe, et par fin de non-recevoir la preuve testimoniale.

Il s'agit, en effet, en l'espèce, de simples faits et non d'actes juridiques. La preuve testimoniale est donc admissible et, avec elle, la preuve par présomptions. Le locataire peut s'exonérer, en prouvant par voie de preuve directe ou par voie d'inductions, qu'il n'a commis aucune faute. Il est juste d'ajouter que le juge statue en fait et qu'il peut arbitrairement admettre ou rejeter la pertinence des témoignages ou des présomptions. C'est là une des causes des décisions en apparence contradictoires que l'on rencontre en notre matière.

90. Nous avons dit que le locataire était tenu de sa faute. Mais de quelle faute répond-il? Cela nous amène à rechercher s'il y a plusieurs espèces de fautes. Nous touchons à la théorie célèbre et difficile de la prestation des fautes. Sans remonter au droit romain, nous savons que, dans notre ancien

---

(¹) Rej. sur arr. de Toulouse, 16 août 1841, D., 41. 1. 837.

droit, l'on distinguait trois espèces de fautes : la faute lourde, la faute légère et la faute très légère. Le code, malgré l'opinion de quelques dissidents, a supprimé ces modalités et ne reconnaît qu'une sorte de faute.

91. Le débiteur doit, aux termes de l'art. 1137, apporter à la conservation de la chose les soins d'un bon père de famille et cette obligation doit être appréciée avec plus ou moins de sévérité suivant les contrats. En d'autres termes, on laisse au juge une entière latitude pour apprécier la faute qui consiste dans toute infraction à la règle du contrat. « L'art. 1137 se » résume en un conseil donné aux juges de n'avoir ni trop de » rigueur ni trop d'indulgence et de ne demander au débiteur » que les soins raisonnablement dus à la chose qu'il est chargé » de conserver soit à raison de sa nature, soit à raison des cir- » constances variables à l'infini qui modifient son obligation » pour la rendre ou plus large ou plus étroite » (¹).

92. En outre des cas expressément prévus par l'art. 1733, l'on s'est demandé si l'absence du locataire des biens loués, au moment de l'incendie, pouvait l'exonérer de toute responsabilité. Prouver que ni le locataire, ni sa famille, ni ses domestiques, ne se trouvaient dans la maison au moment de l'incendie, n'est-ce point là établir d'une manière indirecte mais nécessaire l'absence de faute de ce locataire? En principe, nous répondons négativement. Nous ne sommes point partisan de l'opinion restrictive et ce n'est point, par suite, parce que l'absence ne figure point dans l'art. 1733 que nous la rejetons comme cause d'excuse. Pour nous, il n'y aura lieu à exonération de responsabilité que lorsque le locataire pourra démontrer qu'il a scrupuleusement observé son contrat.

Or, le locataire est tenu, par son bail, de veiller à la conser-

(¹) Massé, III, n. 1616.

vation de la chose dont il est constitué détenteur et gardien. Il
manque donc à son obligation primordiale, et ne peut, par
suite, s'en prévaloir pour établir indirectement le cas fortuit,
puisque l'incendie est ici causé par le défaut de surveillance.
Il y a faute, donc responsabilité.

93. Mais supposons que la maison louée soit une villa que
l'on est dans l'usage d'habiter seulement pendant une partie de
l'année, par exemple un châlet au bord de la mer. Le locataire
ne sera point responsable si l'incendie se déclare pendant la
période de non habitation.

Cette distinction est formulée par un arrêt de la cour de cassation du 26 mai 1884 (D., 85. 1. 209) qui a jugé que le locataire n'est pas déchargé de la responsabilité de l'incendie survenu la nuit dans l'immeuble loué par ce fait qu'il quitte cet
immeuble à la chute du jour, et que tout en conservant la clef
de certaines parties amodiées par lui, il abandonne la clef de
la cour et des bâtiments au concierge, préposé du propriétaire,
alors que cet état de choses ne résulte pas d'une convention
formelle ayant pour effet de suspendre son droit de jouissance
et, par suite, de le dispenser de la surveillance des lieux
loués.

Il va de soi que si, dans le contrat, le bailleur a dispensé le
preneur de surveillance pendant les absences qu'il pourra faire,
celui-ci cessera d'être soumis à l'art. 1733 ([1]).

94. Il nous reste à donner quelques précisions sur les divers
cas d'exonération énumérés par l'art. 1733.

([1]) La distinction que nous proposons peut donc se résumer en la formule suivante : L'incendie survenu pendant l'absence du locataire sera
considéré comme étant le résultat du défaut de surveillance du locataire,
et, par suite, de sa faute, à moins qu'il n'ait été dispensé expressément
ou tacitement de l'obligation de surveiller l'immeuble pendant le temps où
l'incendie a éclaté.

95. 1° *Cas fortuit* ou *force majeure*. — Les termes de *cas fortuit* ou *force majeure* expriment, à notre avis, la même idée. L'art. 1147 définit le cas fortuit, *la cause étrangère qui ne peut être imputée au débiteur*. La définition est concise, mais, croyons-nous, complète.

Par *cause étrangère*, il faut entendre d'abord les événements de la nature contre lesquels l'homme est impuissant à lutter, comme la foudre. C'est, par essence, la *vis divina* des anciens.

Mais nous croyons également qu'il faut attribuer le caractère de cas fortuit à tout événement qu'une surveillance très active n'a pu empêcher et que les soins d'un père de famille très diligent n'ont pu éviter. Ainsi, dans notre opinion, le cas fortuit, dont l'appréciation rentre dans le domaine souverain du juge[1], consisterait dans l'absence complète de faute. Cette définition a pour résultat de réconcilier les deux théories que nous avons longuement examinées et qui sont relatives au point de savoir si l'art. 1733 est ou non limitatif. En outre, elle nous avertit qu'un événement fortuit et extraordinaire ne libère le débiteur que s'il n'est point la conséquence d'une faute ou d'un défaut de surveillance.

96. La malveillance doit-elle être assimilée au cas fortuit?

Il faut distinguer deux hypothèses : *a)* la malveillance est l'œuvre d'un étranger ; *b)* elle est l'œuvre d'une personne dont le preneur est responsable.

Même dans la première hypothèse, l'on aperçoit la raison de douter et de distinguer et, en effet, il y a controverse.

Si, disent les uns, le locataire a provoqué par sa conduite la vengeance d'un incendiaire, il sera tenu des suites de l'incendie. Et certains vont même jusqu'à le rendre responsable dans

---

[1] Cass. req., 11 fév. 1834, *J. des Ass.*, I, p. 162, ann. 1834. — Trib. Bordeaux, 21 juil. 1856, *J. des Ass.*, 1857, VIII, p. 63. — Trib. Seine, 5 mars 1875, *J. des Ass.*, 1875, XXVI, p. 182.

tous les cas, car s'il n'a pas provoqué l'incendie, il a dû le soupçonner et il était de son devoir de prévenir le propriétaire de ce danger éventuel (¹).

M. Pouget (²) pose lui-même l'espèce suivante qui nous édifiera sur la valeur juridique et morale de sa thèse. Une fille de ferme met le feu à la propriété de son maître qui l'a séduite, puis abandonnée. Le sinistre, en ce cas, devient-il un fait de force majeure? Sans doute, dit M. Pouget, telle devrait être la décision, si le cas fortuit pouvait être défini : la force supérieure à laquelle on ne peut résister; mais le cas fortuit est celui *cui nec caveri nec provideri potest*. Or le locataire a certainement pu prévoir l'incendie, puisqu'il connaissait l'événement dont il est une suite.

Cette doctrine, inspirée par des réminiscences du droit romain, choque tous les principes.

97. Nous l'avons dit à satiété, l'art. 1733 oblige le preneur à une seule chose : prouver qu'il n'a commis aucune faute, c'est-à-dire qu'il n'a commis aucun manquement aux obligations de surveillance et de soins que lui imposait le contrat de louage. Or, qu'y a-t-il de commun entre la séduction de la fille de ferme et les obligations du locataire? L'on ne peut davantage parler de faute délictuelle, car il est impossible de trouver le lien de cause à effet nécessaire pour créer la responsabilité. A ce compte-là, il n'y aurait plus de cas fortuit. Le propriétaire pourrait, sans plus déraisonner, dire au locataire, victime d'un incendie allumé par la foudre : « vous êtes responsable. L'incendie n'est pas, dans cette circonstance, un cas fortuit, car si la foudre vous a atteint, c'est que par vos impiétés et vos blasphèmes vous aviez déchaîné la colère de Dieu ».

(¹) Duvergier, I, p. 446.
(²) Pouget, *Journal des Assurances*, année 1854, V, p. 163.

98. A notre avis, la malveillance commise par un étranger
est toujours un cas fortuit, à la condition toutefois que ce cas
fortuit n'ait pas été précédé d'une faute contractuelle qui l'ait
occasionné. Ces derniers mots appellent quelques explications.
Ainsi, j'abrite dans une grange des vagabonds ou mendiants,
qui me demandent l'hospitalité. Je ne prends pas la précaution
élémentaire de les fouiller, et, pendant la nuit, ils allument
un incendie. Serai-je tenu? Oui assurément, bien que la cause
de l'incendie me soit externe, parce que j'ai commis une négligence et n'ai point pris les précautions d'un bon père de
famille. Le cas fortuit est celui *cui caveri nec provideri potest.*
Or, n'est-il pas vrai que j'avais, dans cette circonstance, le
moyen de prévenir et d'empêcher l'événement qui a donné lieu
à l'incendie?

Tels sont, croyons-nous, les vrais principes. Ils sont consacrés
par une jurisprudence constante à laquelle nous ne connaissons
qu'une exception portée dans un arrêt de la cour de Montpellier du 1er mars 1851, qui décide que le fait de l'incendie par
malveillance, même prouvé, n'exonère pas de la responsabilité
de l'art. 1733 (¹).

99. Du fait d'un tiers, le locataire ne peut donc, en principe,
être responsable. C'est la cause externe, le cas fortuit. Mais
que déciderons-nous si l'incendie se rattache à un fait de négligence ou à un acte de malveillance émanant d'une personne
qui habite la maison louée? L'art. 1735 contient sur ce point
la disposition suivante :

« Le preneur est tenu des dégradations et des pertes qui
» arrivent par le fait des personnes de la maison ou de ses
» sous-locataires ».

A la lecture de ce texte, un rapprochement s'impose à l'es-

(¹) *J. des Ass.*, année 1851, V, p. 18⁰.

prit. Le principe qu'il énonce ne serait-il pas l'application à un cas particulier du principe général de responsabilité à raison du fait d'autrui, porté en l'art. 1384, et ne devons-nous pas confondre leurs dispositions comme nous avons déjà confondu l'art. 1733 dans l'art. 1302 ?

100. Au point de vue strictement logique, une première objection se dresse. L'art. 1384 est relatif aux conséquences de la faute délictuelle, l'art. 1735 s'occupe des suites de la faute contractuelle. Ce sont là deux choses qu'il faut bien se garder d'assimiler, quelque ressemblance qu'il paraisse y avoir entre elles.

Mais, au surplus, il n'y a point parité de dispositions. L'article 1384 vise trois sortes de responsabilité à raison du fait d'autrui :

1° La responsabilité du père ou de la mère pour le dommage causé par leurs *enfants mineurs habitant avec eux.*

2° La responsabilité des maîtres et des commettants, pour le dommage causé par *leurs domestiques et préposés dans les fonctions auxquelles ils les ont employés ;*

3° La responsabilité des *instituteurs et des artisans...* (sans intérêt).

La responsabilité édictée par ce texte dérive d'une faute, d'un quasi-délit. Le père et le maître sont présumés en faute, parce que le plus souvent, avec une surveillance plus attentive et une prudence plus assidue, ils auraient pu prévenir l'acte préjudiciable à autrui qui émane de l'enfant ou du préposé. Aussi bien la faute est-elle à la fois la cause et la mesure de cette sorte de responsabilité.

Le père ne répondra du fait de son enfant qu'autant qu'il sera mineur et habitera avec lui, parce qu'alors seulement il aura manqué au devoir de surveillance que lui impose la loi.

Le maître ne répondra du fait de son préposé, que s'il est

commis dans l'exercice des fonctions qu'il lui a confiées, parce qu'alors seulement il y aura faute, c'est-à-dire imprudence dans le choix.

101. Nous connaissons ainsi la base et l'étendue de l'art. 1384, et nous allons voir qu'il faut chercher dans des motifs tout différents la raison juridique de l'art. 1735.

Par son contrat, le locataire est constitué gardien de la chose, *maître du logis*. Il doit veiller sur la maison, et la loi lui imputera à faute une imprudence spéciale, l'introduction dans la maison d'une personne quelle qu'elle soit.

Peu importe que ses enfants soient majeurs et qu'il n'ait pu prévenir leur négligence ou leur malveillance, peu importe, à l'inverse du droit romain, qu'il ait apporté le soin le plus minutieux dans le choix de ses domestiques et préposés. La loi ne distingue pas : il sera responsable du fait des personnes de sa maison.

C'est ce que Domat exprimait dans les termes suivants : « Le preneur doit répondre de ceux à qui il communique » l'usage de la maison qui n'est confié qu'à lui, et le fait de » ces personnes devient le sien propre à l'égard de celui qui » lui a livré et a traité avec lui ». (*Loix civiles*, titre IV, sect. 2, art. 5, p. 49).

Telle était aussi la doctrine de Pothier (¹), dont les auteurs du code civil se sont exclusivement inspirés pour la rédaction de l'art. 1735. C'est donc à l'ancien droit qu'il faut demander l'interprétation de ce texte.

Or, l'on était d'accord, et les termes généraux de la disposition que nous analysons imposent actuellement cette opinion, pour comprendre sous le vocable de *personnes de la maison*, la femme, les enfants, les parents ou amis qui habitent l'immeu-

(¹) Pothier, *Du louage*, n. 193.

ble temporairement ou à titre définitif, les hôtes et invités, les domestiques, les ouvriers travaillant dans l'immeuble. En résumé, le fait de toute personne se trouvant dans l'immeuble momentanément ou à demeure, qui aura occasionné l'incendie, donnera ouverture à la responsabilité du locataire.

Cette responsabilité, qui se greffe indistinctement sur des faits de négligence ou des actes de malveillance ([1]), diffère totalement de celle édictée par l'art. 1384. Elle est plus étendue en ce qu'elle couvre la femme, les enfants majeurs et les tiers habitant l'immeuble et ne reproduit pas le point de départ de l'art. 1384, relativement à la responsabilité des maîtres et commettants.

102. Est-ce à dire que cette dernière responsabilité ne pourra jamais se rencontrer et coexister avec celle de l'art. 1735 ? Il serait erroné de le croire. Ainsi, un préposé du locataire — il en serait de même d'un enfant mineur habitant la maison louée — cause un incendie dans l'exercice de ses fonctions. Le maître, en ce cas, devient responsable en vertu de l'art. 1384. Le propriétaire possédera contre lui deux actions : l'action née du contrat et celle née du délit. L'action délictuelle, les difficultés de la preuve mises de côté, sera particulièrement périlleuse pour le locataire. En effet, au lieu d'être uniquement réservée au propriétaire, comme l'action contractuelle, elle compétera à tous ceux qui souffriront du fait du préposé ou du mineur, et spécialement aux voisins dont les immeubles seraient atteints par l'incendie.

Nous pouvons donc conclure que la responsabilité de l'art. 1735 est plus large que celle de l'art. 1384, puisqu'elle s'applique à de plus nombreuses catégories de personnes. Mais, d'un autre côté, elle est plus étroite, puisque le propriétaire seul peut

---

([1]) Req., 24 janv. 1883, D., 83. 1. 153.

s'en prévaloir et que ses effets ne s'étendent pas au-delà de la valeur de l'objet du contrat.

103. L'on a coutume de se demander si l'aubergiste répond, vis-à-vis de son propriétaire, des dégradations et dommages causés par les voyageurs qu'il reçoit dans son hôtellerie ? Et la doctrine est, pour ainsi dire, unanime à adopter l'affirmative. Oui, dit-on, le locataire répond des personnes de sa maison, et le texte ne comporte pas d'exception. Or, les voyageurs sont bien des « *personnes de la maison* ».

Et l'on ajoute : le décider ainsi, c'est s'inspirer de l'art. 1953 C. civ. qui contient les principes généraux de la responsabilité de l'aubergiste. Cet article dit que l'aubergiste est tenu du vol ou du dommage qui atteignent les effets du voyageur, soit que le vol et le dommage proviennent des domestiques et préposés de l'hôtelier, ou d'étrangers allant et venant dans l'hôtellerie. Etendre l'art. 1735 à l'aubergiste, c'est donc mettre d'accord sa responsabilité spéciale au cas de perte ou de dégradation de l'immeuble qu'il a loué avec sa responsabilité ordinaire et générale.

104. Ces deux raisons ne sauraient nous convaincre.

La responsabilité du locataire à raison du fait d'autrui a son origine dans l'ancien droit. Pothier en a défini les caractères dans des termes que l'opinion commune ne manque jamais de reproduire (¹). Or, pourquoi repousse-t-on son interprétation sur le point spécial de la responsabilité de l'aubergiste ?

« L'aubergiste, dit-il, est, par son état, obligé de recevoir » dans son auberge les voyageurs qui s'y présentent, sans qu'il » les connaisse : c'est pourquoi il n'est pas responsable de leurs » fautes » (²).

(¹) Pothier, *Du louage*, n. 193.
(²) Pothier, *loc. cit.*, n. 194.

Nous ajouterons que la loi romaine le décidait ainsi : « *caupo viatorum factum non præstat* » (¹).

A ce premier argument historique qui n'est point sans valeur, nous ajoutons que la raison de distinguer, au point de vue de l'art. 1735, entre le preneur aubergiste et le preneur ordinaire se trouve dans le contrat même de bail.

Dans le bail ordinaire, le propriétaire ne prend en considération que le preneur seul. Celui ci promet et doit la conservation de la chose, et s'il accepte sous son toit des personnes négligentes ou malveillantes, il est en faute, parce que le contrat n'a point prévu cette éventualité.

Qui ne voit, au contraire, que dans le bail d'une auberge, le propriétaire tient compte de la profession dangereuse qui va s'exercer dans son immeuble et que cette circonstance influera sur le prix de location qui sera d'autant plus élevé que les dangers de la chose seront plus grands? L'aubergiste ne sera donc tenu que s'il y a, de son chef ou du chef de ses préposés, défaut de surveillance. Il y aura lieu de l'exonérer, au contraire, si l'incendie est causé par l'imprudence ou la malveillance de voyageurs que sa profession l'obligeait de recevoir. Nous nous trouvons, en effet, en présence d'un risque spécial que le propriétaire doit être présumé avoir pris à sa charge en traitant avec un aubergiste.

Cette solution nous paraît commandée par le principe que nous avons assigné à la faute contractuelle, c'est-à-dire qu'elle doit se modeler exactement sur l'obligation qu'elle sanctionne.

Et l'art. 1793, que nos adversaires invoquent, ne contredit point notre opinion. L'aubergiste est déclaré responsable non point de l'introduction de voyageurs imprudents ou négligents, ce qui, à notre avis, est un cas fortuit dont il est exempté par

---

(¹) L. unic., § 6, **D.**, *furti adversus nautas*, XLVII, 5.

le contrat, mais du défaut de surveillance que lui impose sa qualité de dépositaire sur les effets qui lui sont confiés. C'est un appui nouveau à notre thèse (¹).

105. *Vice de construction.* — La loi décharge encore le preneur de la responsabilité de l'art. 1733, lorsqu'il prouve que l'incendie est arrivé par vice de construction. Le vice de construction consiste dans une infraction aux règles de l'art de bâtir. C'est une définition qui laisse au juge une grande latitude d'appréciation. Du vice de construction il est juste de rapprocher le défaut d'entretien qui consiste dans la négligence apportée à la réparation des dégradations survenues aux bâtiments depuis leur construction.

Le vice de construction est nécessairement une faute dégageant le preneur, tandis que le défaut d'entretien peut n'en pas être une. Cette responsabilité est une suite de l'obligation que contracte le bailleur de garantir le preneur contre tous les vices ou défauts de la chose livrée.

Par suite, dès qu'un vice de construction est reconnu, le preneur est dégagé de toute responsabilité, mais il faut pour cela que l'incendie soit dû à ce vice de construction, qu'il y ait entre le vice de construction et l'incendie un lien de cause à effet. Et comme, d'autre part, dans cette hypothèse et celle que nous allons examiner, l'incendie est le résultat de l'inexécution des obligations du bailleur, celui-ci sera tenu d'indemniser le locataire de tout le préjudice qu'il aura subi.

106. On distingue, dans le louage, deux sortes de réparations : les grosses réparations qui sont nécessaires à la conser-

---

(¹) Opinion qui étend l'art. 1735 à l'aubergiste pour les dégradations et dommages causés par les voyageurs : Duvergier, I, n. 431 ; Troplong, *Echange et louage*, II, n. 397 ; Marcadé, VI, sur l'art. 1735, p. 475 ; Laurent, XXV, n. 275 (mais avec des critiques) ; Guillouard, *Louage*, I, n. 248 ; Baudry-Lacantinerie et Wahl, *Du contrat de louage*, I, n. 717. — *Contra* Duranton, XVII, n. 107.

vation de l'immeuble et qui sont mises à la charge du propriétaire, et les réparations de menu entretien qui sont à la charge du locataire.

L'incendie peut résulter tout aussi bien du défaut de réparations locatives que du défaut de grosses réparations.

Au point de vue de la responsabilité, le résultat variera avec les deux alternatives.

L'incendie provient-il du défaut de grosses réparations et même de réparations d'entretien?

Le locataire sera libéré, car il ne peut être tenu des conséquences de la faute d'autrui. Et le propriétaire devra l'indemniser de tout le préjudice qu'il subit dans la chose, objet du contrat, parce que l'incendie est la conséquence de l'inexécution d'une obligation contractuelle.

Mais, pour que le propriétaire puisse être recherché pour le préjudice d'incendie, il faut qu'il ait été averti de l'état de l'immeuble et qu'il ait été sommé d'y effectuer les réparations nécessaires. En effet, il entre dans les obligations du locataire de surveiller l'immeuble dans lequel le propriétaire n'a plus accès, et de signaler à ce dernier les détériorations qui peuvent se produire. C'est la condition d'existence du recours du locataire contre le propriétaire.

Il apparaît maintenant que si l'incendie est causé par un défaut de réparations de menu entretien ou locatives, le locataire ayant inexécuté son obligation, ne peut s'en faire un titre à des dommages-intérêts et demeure responsable.

En résumé, le propriétaire est responsable du vice de construction à l'égard de son locataire, alors même qu'il en aurait ignoré l'existence au moment du bail.

Il n'est responsable, au contraire, de l'incendie causé par le défaut de réparations lui incombant, qu'autant qu'il a été averti de leur utilité et a négligé de les effectuer.

107. 3o *Communication du feu par une maison voisine.* — Cette dernière exception se confond, à notre avis, dans la première, à savoir le cas fortuit ou la force majeure. Nous pensons, en effet, que prouver que l'incendie provient d'une maison voisine, c'est établir qu'il est dû à une cause étrangère au preneur, dont il ne peut répondre.

Maintenant, nous n'en déclarerions pas moins le locataire tenu, s'il avait négligé, par les moyens en son pouvoir, soit d'empêcher la communication du feu, soit d'en arrêter le progrès. Nous le décidons ainsi, parce que, dans cette circonstance, le preneur a manqué d'être un gardien fidèle et exact de la chose louée (¹).

Est-il besoin de dire que l'on ne saurait appliquer cette exception au cas où le même locataire occupe deux maisons voisines. Dans cette hypothèse, l'action s'adresse au locataire en quelque endroit que se soit étendu l'incendie. Il est tenu de restituer le ou les corps certains qu'il a reçus et, à défaut, il doit établir qu'il n'a commis aucune faute.

L'examen de ces divers cas d'exemption démontre leur inutilité.

Le législateur aurait tout aussi bien exprimé sa pensée en n'écrivant pas l'art. 1733, et il eût ainsi évité des controverses.

SECTION III

SPHÈRE D'APPLICATION DE L'ART. 1733

108. L'opinion que nous avons adoptée considère l'art. 1733 comme étant l'application des règles du droit commun. Elle a reçu une consécration officielle de la loi de 1883. Le locataire est tenu de l'incendie, parce qu'il est débiteur d'un corps cer-

---

(¹) Poitiers, 10 juin 1817, D., 24. 2. 74.

tain et que l'incendie n'est point en soi, hors le cas où dans son événement la faute est absente, un cas fortuit libératoire. C'est le principe général écrit dans l'art. 1302. Donc, toutes les fois qu'une personne sera tenue envers une autre de conserver et de rendre un objet, soit en vertu de la loi, soit en vertu d'un contrat ou d'un quasi-contrat, elle sera soumise aux règles du droit commun portées en l'art. 1733.

109. Dans une autre opinion, l'art. 1733 serait, au contraire, basé sur une présomption spéciale de faute délictuelle et il ne viserait que la responsabilité du locataire d'immeubles. Pour que l'art. 1733 reçût son application, quatre conditions seraient même nécessaires ([1]).

Il faudrait :

1º Que le débat s'agite entre deux personnes liées l'une envers l'autre par un contrat de louage ;

2º Qu'il s'agisse de la location d'un immeuble ou d'une portion d'immeuble ;

3º Que le locataire habite dans cet immeuble ou portion d'immeuble, ou tout au moins qu'il ait la faculté d'y habiter ;

4º Qu'il y ait eu incendie.

Ces diverses conditions ont pour effet de donner aux dispositions de l'art. 1733 un caractère exceptionnel. Elles nous apparaissent comme une survivance dans notre code de la règle *Incendia plerumque...* Cette interprétation pouvait à la rigueur se produire jusqu'à la loi du 5 janvier 1883. L'on pouvait dire que la responsabilité du locataire, en cas d'incendie, ne résidait pas dans le contrat du bail, mais dans l'occupation de l'immeuble. Elle ne nous semble point juridique, mais nous convenons qu'elle est logique et s'adapte aux idées de MM. Richard et Maucorps sur la nature de la responsabilité du locataire.

([1]) Richard et Maucorps, liv. III, ch. 9.

110. Entre ces deux opinions irréductibles se glisse celle d'Aubry et Rau (IV, p. 487, § 367) qui, après avoir enseigné que la responsabilité de l'art 1733 est de même nature que celle de l'art. 1302, admettent que la loi déroge au droit commun en ce qu'elle limite les moyens de justification du défendeur. Ils en déduisent que ce mode exceptionnel de preuve doit être écarté dans les hypothèses où une personne se trouve obligée de veiller à la conservation d'un objet en vertu d'une cause autre qu'un bail. Dans ce cas, l'on revient à la règle commune et la preuve s'administre par tous les moyens.

Ces jurisconsultes s'empressent donc, après avoir créé une exception qui n'est pas dans la loi, de rentrer dans le droit commun. Nous avons dit pourquoi nous ne pensions pas devoir faire cette exception.

111. Nous allons examiner les principaux cas auxquels l'art. 1733 doit être étendu par voie d'analogie.

112. La question se présente pour le créancier antichrésiste.

L'antichrèse — autrement dit le nantissement d'un immeuble — confère au créancier « un droit de rétention sur l'im- » meuble et, en outre, un droit de jouissance, à la charge par » lui d'imputer le produit net de cette jouissance sur les inté- » rêts d'abord et ensuite sur le capital de la créance » ([1]). Le créancier doit donc conserver l'immeuble et, à l'expiration du contrat, il doit le représenter ou démontrer qu'il a péri sans sa faute. C'est dire qu'au cas d'incendie, le créancier est exonéré s'il y a absence de faute de sa part. Il a été jugé que celui qui détient une maison à titre pignoratif est soumis à la responsabilité *exceptionnelle* que la loi fait peser sur le locataire d'un immeuble ([2]).

Nous approuvons cette décision, mais nous la trouvons mal

([1]) Baudry-Lacantinerie, *Précis*, III, n. 1039.
([2]) Riom, 10 mars 1836, D., 36. 2. 166.

motivée. Nous étendons à l'antichrésiste la règle de l'art. 1733, parce que cette règle est conforme au droit commun et doit s'appliquer à tous ceux qui ont, à l'instar du locataire, charge de conserver et de rendre un corps certain. Au contraire, considère-t-on l'art. 1733 comme portant une *présomption spéciale* de faute, exorbitante du droit commun, l'on devra, en bonne logique, restreindre son application au seul cas formellement prévu. L'arrêt cité n'a donc aucune valeur juridique. Cette décision est contraire au principe dont elle s'inspire.

113. Appliquerons-nous la même solution à l'usufruit. L'usufruitier a un droit réel. Il n'est point un débiteur, ni le nu-propriétaire un créancier. Doit-on cependant lui étendre les art. 1302 et 1733? Non, répondent certains; car ce dernier article porte une présomption légale qui ne peut être étendue en dehors de l'hypothèse prévue.

Et à ce premier argument l'on a coutume d'en ajouter un second qui est plutôt un argument de législation. Il serait nécessaire de garantir le droit du bailleur, car le preneur n'a qu'un intérêt médiocre à la conservation de la chose. L'usufruitier, au contraire, possède un droit propre dans la chose, un droit réel que l'incendie détruirait, et il a un intérêt personnel à la conservation de cette chose. Il n'y aurait donc pas les mêmes raisons de le soumettre à une responsabilité aussi étroite.

Proudhon enseigne à la vérité que l'usufruitier est libéré par l'incendie qui détruit la chose, parce que l'incendie est un cas fortuit. Il argumente de divers textes, notamment de l'art. 624. Ce texte décide que l'usufruit est éteint par l'incendie qui frappe la maison, objet de l'usufruit. C'est bien évident, absolument comme le bail cesse d'exister par l'incendie de la maison sur laquelle il portait. Mais la loi ne tranche point là la question de savoir qui doit supporter l'incendie.

La responsabilité du locataire, à raison de l'incendie, dérive de ce qu'il doit jouir en bon père de famille. Or, l'art. 601 impose à l'usufruitier la même obligation, et il s'ensuit que sa responsabilité doit être la même.

114. L'art. 1733 est une application du droit commun. Chaque fois qu'une personne sera tenue, par un lien légal ou contractuel, de conserver et de rendre, elle répondra de l'incendie qui frappe l'objet de son obligation. Rien n'est donc plus facile que de résoudre les difficultés qui pourront se présenter et que nous ne croyons pas devoir passer en revue. Néanmoins, nous examinerons deux cas particuliers de responsabilité qui se rattachent directement à notre étude : la responsabilité des divers intéressés dans le contrat de sous-location et celle du colon partiaire.

115. Le preneur a le droit de sous-louer et même de céder son bail à un autre, si cette faculté ne lui a pas été interdite (art. 1717).

Sous-louer, c'est louer, c'est-à-dire donner à bail une chose que l'on tient soi-même à ce titre, la louer en sous-œuvre (¹). Le sous-bailleur ne transmet pas au sous-preneur sa propre et seule jouissance, comme dans la cession de bail. Il ne peut disposer, à la vérité, d'une jouissance plus étendue que celle qu'il a lui-même. *Nemo dat quod non habet.* Mais, d'autre part, c'est un nouveau bail, total ou partiel, qu'il consent, et ce bail ne se confond pas plus avec le bail primitif et principal que deux cercles concentriques d'inégal diamètre. D'où la conséquence que le sous-bailleur peut se prévaloir contre le sous-preneur de l'art. 1733.

Il y a deux contrats de bail superposés, mais complètement distincts, en sorte que le bailleur primitif et le sous-preneur

---

(¹) Baudry-Lacantinerie, *Précis*, III, n. 492.

sont absolument étrangers l'un à l'autre, puisqu'ils ne sont pas liés par un contrat. Il faut leur appliquer le principe que les conventions n'ont d'effet qu'entre les parties contractantes et restent indifférentes aux tiers.

La loi a, il est vrai, corrigé ce principe et nous allons voir si, par analogie, l'on peut étendre cette modification au cas d'incendie de la chose louée.

Et d'abord plaçons hors de débat deux solutions qui ressortent des textes : 1° Le preneur est tenu de l'incendie causé par le sous-locataire (art. 1735) (¹); 2° Le propriétaire peut exercer, en cas d'incendie, du chef du locataire principal, l'action oblique de l'art. 1166 contre le sous-preneur.

116. Voici la vraie difficulté : Le bailleur primitif peut-il exercer une action directe contre le sous-preneur? Au cas d'insolvabilité du locataire primitif, la solution de cette question a un intérêt pratique considérable. Le propriétaire agit-il du chef du locataire principal, le sous-locataire ne manquera point de lui opposer les exceptions qu'il pourrait invoquer contre lui. Le recours du bailleur manquera donc, dans bien des cas, d'efficacité.

Il peut aussi manquer d'utilité. En effet, le créancier, en l'espèce le bailleur primitif, exerce l'action de son débiteur, le locataire principal, et son recours aura pour résultat d'enrichir le patrimoine de ce dernier au profit de tous ses créanciers indistinctement. L'action oblique est donc défectueuse et pleine de périls.

Avec l'action directe, le sous-bailleur ne compte plus, et le propriétaire s'adresse au sous-locataire pour lui demander raison de toutes les suites de l'incendie. Il nous reste à examiner s'il est possible d'attribuer au propriétaire l'action directe qui

(¹) Orléans, 7 janvier 1888, D., 88, 2, 295.

lui confère plus qu'un privilège, un droit entier et exclusif.

Une vive controverse s'est élevée sur ce point en doctrine et en jurisprudence.

117. Dans un premier système, la responsabilité du locataire étant contractuelle, il en résulterait que le bailleur primitif ne pourrait exercer aucun recours conventionnel contre un sous-locataire, puisqu'il n'existerait entre eux aucun lien contractuel. Donc, pas d'action en dehors de l'action oblique ou de l'action délictuelle au cas de faute prouvée de l'habitant.

Ce premier système qui seul nous paraît se fonder sur une base juridique solide, se trouve mis en relief en des formules heureuses par un arrêt de la cour d'appel de Toulouse du 7 février 1888.

« Attendu, dit la cour, que la compagnie *Le Soleil* prétend
» avoir le droit de poursuivre directement, au nom du proprié-
» taire, à la fois Meynadier et les sous-locataires, mais que
» cette prétention ne saurait être accueillie ; qu'en effet, la pré-
» somption de faute contre l'habitant n'a point d'effet en
» dehors de la responsabilité spéciale du locataire envers le
» bailleur ; que la présomption *incendia...* du droit romain et
» de l'ancien droit n'a point été reçue par notre code qui ne
» base la responsabilité du locataire que sur le principe con-
» tractuel écrit dans les art. 1302, 1147, 1245 C. civ. » (¹).

Les résultats de ce système sont loin d'être favorables en équité. En effet, ainsi que nous l'avons dit, le sous-bailleur est-il insolvable, l'action indirecte aura pour résultat de faire tomber l'indemnité d'incendie dans son patrimoine et d'enrichir

---

(¹) En ce sens, Larombière, *Théorie et pratique des obligations*, I, art. 1148, n. 12 ; Laurent, XXV, n. 203 ; Guillouard, I, n. 276 ; Baudry-Lacantinerie, III, n. 694. — Besançon, 11 mai 1854, D., 83. 2. 210 et la note. — Lyon, 24 déc. 1882, D., 83. 2. 209. — Toulouse, 7 fév. 1888, D., 90. 2. 97. — *Adde :* D., Rép., v° *Louage*, n. 366, et *Suppl*, eod. v°, n 221.

ainsi gratuitement ses créanciers. Le bailleur originaire, qui a subi un préjudice considérable pourra n'être ainsi que partiellement dédommagé.

118. Les considérations que nous venons d'indiquer semblent avoir inspiré un deuxième système qui accorde au bailleur une action directe contre le sous-locataire.

L'on argumente surtout, dans cette opinion, de l'art. 1753 C. civ. dont voici les termes : « *Le sous-locataire n'est tenu* » *envers le propriétaire que jusqu'à concurrence du prix de sa* » *sous-location dont il peut être débiteur au moment de la sai-* » *sie et sans qu'il puisse opposer des paiements faits par anti-* » *cipation* ».

Qu'est-ce à dire? Ce texte, disent les partisans de ce deuxième système, suppose nécessairement que le bailleur est armé d'une action directe contre le sous-locataire, puisque, dans un cas particulier, l'on restreint la responsabilité de ce dernier.

C'est là une pure affirmation, l'affirmation d'une action directe qui garantirait tous les recours qui pourraient naître du contrat de bail. Mais cette affirmation, comment la justifier? Comment relier juridiquement le sous-preneur au propriétaire? Pour M. Guillouard ([1]), qui n'accorde point cependant l'action directe en cas d'incendie, rien en général ne serait plus facile.

« Il est bien vrai, dit-il, que les conventions ne profitent » qu'à ceux qui ont été parties ou représentés, mais nous » croyons précisément que le bailleur a été représenté par le » locataire principal dans le contrat de sous location. En stipu- » lant le paiement des loyers, l'occupation des lieux loués, etc., » le locataire principal n'a pas fait seulement sa propre affaire, » mais aussi celle du bailleur, et il avait pour cela un mandat

([1]) Guillouard, *Louage*, I, n. 339.

» tacite de celui-ci ; en effet, en louant la chose sans interdire
» la faculté de sous-louer, le bailleur a virtuellement donné
» mandat au locataire principal de choisir, si bon lui semblait,
» des sous-locataires : il y a donc entre ces derniers et le bail-
» leur un lien de droit direct, établi par le locataire principal
» au nom du bailleur, et dans la limite des pouvoirs que lui
» conférait le contrat de bail ».

119. Cette explication est certainement ingénieuse et originale, mais repose sur une notion inexacte du mandat. En effet,
ce qui distingue et caractérise le mandat, c'est que le mandataire n'agit que pour le mandant et en son nom. Il est le représentant du mandant qui seul devient créancier ou débiteur à la
suite des actes par lui consentis.

Peut-on, dans ces conditions, assimiler le rôle du sous-bailleur à celui du mandataire ? Dans quel intérêt agit-il en sous-
louant, que recherche-t-il ? Il veut se débarrasser d'un loyer
de locaux qu'il désire ne plus occuper, et il agit si peu au nom
du bailleur qu'il bénéficiera seul de l'augmentation produite
par la sous-location et supportera seul la perte subie.

Au surplus, cette conception de M. Guillouard est contraire
à l'opinion qu'il a soutenue dans un autre passage de son même
traité du louage où il déclare : « Le bail, comme tout autre
» contrat, n'engendre des droits qu'au profit de l'une des par-
» ties contractantes contre l'autre, et le propriétaire ne peut
» puiser de droit personnel dans la convention intervenue entre
» le locataire principal et le sous-locataire, convention à laquelle
» il est resté étranger ».

Le mandat tacite est donc impuissant à fonder et à justifier
l'action directe.

120. L'on a essayé de rattacher l'action directe ou personnelle à l'art. 1753. Le sous-locataire est tenu, a-t-on dit, donc
il y a une action personnelle du bailleur contre lui. C'est la

théorie d'un arrêt de la cour de cassation du 24 janvier 1853
(D., 53. 1. 124) qui a fait l'objet d'une analyse savante de
M. Laurent, XXV, n. 202. A notre avis, une toute autre explication de l'art. 1753 s'impose, et nous le démontrerons un peu
plus loin.

Mais, quoi qu'il en soit, l'on a dépassé la décision de la Cour
de cassation en posant comme un principe que le bailleur principal a, dans tous les cas, une action directe contre le sous-
preneur pour l'exécution des engagements résultant du contrat
de sous-location. La cour suprême accorde une action personnelle au bailleur dans les conditions prévues par l'art. 1753,
action limitée à la créance de loyer que le locataire principal
peut avoir à exercer contre le sous-preneur. Or, l'art. 1753
nous apparaît comme une dérogation au principe essentiel de
l'art. 1165. Son effet doit donc être limité au cas qu'il prévoit
et ne peut être étendu à l'indemnité d'incendie (¹).

121. Mais est-il bien exact de dire que l'art. 1753 constitue
une exception au droit commun et forme une brèche à l'art.
1165? Nous pensons que pour l'expliquer, il n'est pas besoin
de supposer l'existence d'une action directe. A notre avis, il
ne faut point séparer cette disposition de celle des art. 2102-1°
C. civ. et 820 C. pr. civ. L'art. 2102 confère au bailleur un
privilège sur le prix de tout ce qui garnit la maison louée. Par
le fait seul de leur placement dans l'immeuble loué, les meubles du locataire sont, par une convention tacite de gage que
la loi sous-entend, affectés à la sûreté de la créance actuelle ou
éventuelle du bailleur direct et même, sous certaines conditions, lorsqu'il y a sous-location, à la créance pour loyers du
propriétaire contre le locataire principal.

Et ce qui démontre avec plus d'évidence encore que l'art.

(¹) En sens contraire : Aubry et Rau, IV, p. 494, § 368 et note 21, et les
autorités qu'il cite.

1753 n'a pas eu en vue la création d'une action directe, c'est
que le bailleur primitif ne peut agir contre le sous-locataire
que dans la mesure des loyers dus par celui-ci au locataire
principal, sous-bailleur direct. L'on ne peut dire plus claire-
ment que le bailleur primitif ne dispose pas d'une action autre
que l'action oblique de l'art. 1166, action assortie d'un gage.
En effet, le propre de l'action directe est d'ignorer les exceptions qui ont pu naître dans la personne du débiteur originaire
et de s'adresser pour le tout au débiteur tenu en sous-ordre.

Nous ne nous arrêterons pas à l'argument de texte que certains prétendent tirer de l'expression : « *Le sous-locataire n'est
tenu* ». Le sous-locataire est tenu, donc il est lié par une action
personnelle. Car, ne dit-on pas d'un tiers détenteur : il est
tenu de délaisser ou de se laisser exproprier, tout aussi correc-
tement et plus juridiquement, semble-t-il, que d'un débiteur :
il est tenu de payer ? C'est là une vaine querelle de mots, sans
aucune importance.

122. Le contrat de sous-location ne pouvant expliquer le
lien d'obligation personnelle entre le propriétaire et le sous-
locataire, on a cherché a fixer l'action directe sur une autre
base. L'on a prétendu qu'elle dérivait de l'occupation même
des lieux loués [1], et cette thèse a définitivement prévalu en
jurisprudence. Un arrêt récent de la cour de cassation [2] décide que « les dispositions de l'art. 1733 C. civ., fondées sur
» la *présomption* que l'incendie qui a éclaté dans une maison
» est arrivé par la *faute des personnes qui l'habitent* et auxquel-
» les incombe l'*obligation de veiller à sa conservation en leur
» qualité de preneurs*, comprennent dans leur généralité aussi
» bien ceux qui demeurent dans la maison à titre de sous-loca-

[1] Paris, 12 fév. 1851, D., 51. 2. 71. — Paris, 18 juin 1851, D., 52. 2. 277.

[2] Civ. cass., 13 janv. 1892, D., 93. 1. 509.

» taires que les locataires principaux eux-mêmes, tenus, les
» uns comme les autres, de rendre l'immeuble en bon état à
» l'expiration du bail, et notamment d'exercer la surveillance
» nécessaire pour empêcher les incendies de se produire ». Il
y aurait beaucoup à dire sur la doctrine de la cour suprême
qui, revenant sur des arrêts antérieurs, hésite encore, malgré
la loi de 1883, sur la nature juridique de la responsabilité du
locataire à raison de l'incendie. Mais cette thèse se heurte à la
démonstration que nous croyons avoir faite de l'origine contractuelle de la responsabilité d'incendie qui incombe au locataire. Le sous-locataire est simplement un habitant vis-à-vis du
propriétaire, et entre eux il n'existe pas de lien obligatoire et,
par suite, il ne peut y avoir lieu qu'à l'application de l'art. 1382.

123. L'on a ajouté que l'art. 1733 rendait les preneurs responsables de l'incendie, sans distinguer entre les locataires et
les sous-locataires. C'est là encore jouer sur les mots. Oui, les
locataires sans distinction sont responsables, mais seulement
envers leurs bailleurs respectifs, c'est-à-dire les personnes
envers lesquelles ils ont contracté l'obligation de conserver et
de rendre. Pas de contrat, pas d'action. C'est le droit commun.
Nous avons démontré que vainement l'on avait essayé de faire
échec à ce principe de droit par la création d'une action directe
entre deux personnes juridiquement étrangères, le propriétaire
et le sous-locataire.

124. Pour être complet, nous mentionnons une théorie émise
par M. Labbé ([1]). Le savant auteur refuse au bailleur l'action
personnelle, mais il lui accorde un privilège sur la créance que
le locataire principal peut avoir contre le sous-locataire. Son
argumentation cherche son point d'appui dans l'art. 1753. Ce
texte permet au propriétaire de réclamer au sous-locataire les

---

([1]) *Revue critique*, 1872, p. 572.

loyers dont il peut être débiteur au moment de l'action, sans que les loyers antérieurement payés puissent faire l'objet d'une répétition.

M. Labbé conclut de la validité des paiements faits par le sous-locataire aux mains de son bailleur direct, qu'il a ce dernier seul pour véritable créancier. Le propriétaire puise donc exclusivement son droit d'agir dans l'art. 1166 C. civ. Seulement, l'art. 1753 a pour effet d'affecter par privilège à la garantie du bailleur la créance résultant de la sous-location. Ainsi, au cas d'incendie, le bailleur a le droit d'exercer, à l'exclusion de tous autres créanciers du sous-bailleur, l'action en responsabilité qui appartient à ce dernier contre le sous-locataire. Les conséquences pratiques de ce système sont forté quitables, puisqu'il accorde un droit de préférence au bailleur sur l'indemnité d'un incendie dont il est seul à souffrir, sans porter atteinte à ce principe que les conventions ne nuisent ni ne profitent aux tiers. Mais l'extension ainsi donnée à l'art. 1753 est difficilement acceptable, car le privilège ne doit pas être reconnu sans un texte précis. D'autre part, ce texte ne vise qu'une hypothèse spéciale et il n'est point juridique de généraliser ses dispositions en les appliquant au cas d'incendie qu'il ne prévoit pas. Il est à peine besoin d'observer que le propriétaire aura une action directe contre le sous-locataire au cas de faute aquilienne. Il tire alors son droit de l'art. 1382.

125. L'on discutait beaucoup, avant la loi du 18 juillet 1889, la question de savoir si l'art. 1733 s'appliquait au bail à colonat partiaire. Une controverse très vive, qui s'était élevée à ce sujet est aujourd'hui tranchée législativement, ce qui nous dispensera de longs développements.

D'après un premier système qui se réclamait principalement d'un arrêt de la cour de Limoges ([1]), la responsabilité édictée

([1]) Limoges 21 fév. 1839, D., *Rép.*, vº *Louage*, n. 400.

par l'art. 1733 ne devrait pas être étendue au colon partiaire.
A cela, deux raisons : 1° l'art. 1733 est une disposition exceptionnelle ; 2° le colon partiaire n'est pas un locataire, mais un
associé.

Nous avons trop souvent démontré que la responsabilité du
locataire n'était autre que celle de l'art. 1302 et s'appliquait à
toutes les personnes tenues, par contrat ou autrement, de conserver et de rendre, pour que nous soyons dispensé de rechercher si le colon est un locataire ou un associé, puisque leur
situation juridique est la même à ce point de vue spécial. Nous
n'aurions pas cependant hésité à accepter le deuxième système
qui assimilait le colon à un locataire et le soumettait à la responsabilité de l'art. 1733 (¹).

La controverse n'a plus aujourd'hui de raison d'être en présence de l'art. 4 de la loi du 18 juillet 1889, ainsi conçu :

« *Il* [le preneur] *répond de l'incendie..., à moins qu'il ne*
» *prouve qu'il a veillé à la garde et à la conservation de la*
» *chose en bon père de famille* ».

La présence de plusieurs colons dans le même immeuble
sera rare. Néanmoins, le colon sortant peut cohabiter, au moment de la récolte, avec le colon entrant. Aussi bien la jurisprudence les considère-t-elle alors comme des colocataires
dont les obligations se trouvent régies au cas d'incendie par
l'art. 1734 C. civ. (Trib. Bazas, 16 janv. 1894, arrêt Bordeaux,
94. 2. 32).

SECTION IV

ÉTENDUE DE LA RESPONSABILITÉ DU LOCATAIRE

126. La loi déclare le locataire responsable de l'incendie,
mais elle ne fixe pas l'étendue de cette responsabilité. Il faut

---

(¹) En ce sens Troplong, *De l'échange et du louage*, II, n. 273 ; Laurent,
XXV, n. 479 ; Aubry et Rau, IV, § 371, etc.

donc évaluer les dommages-intérêts d'incendie, en l'absence de dispositions spéciales, d'après les principes du droit commun. Or, toute la matière des dommages-intérêts peut se résumer dans les trois principes suivants :

1° L'inexécution d'une obligation de faire se résout dans le paiement d'une somme d'argent ;

2° Les dommages-intérêts comprennent la perte éprouvée par le créancier : *damnum emergens ;*

3° Ils comprennent aussi le gain dont il a été privé : *lucrum cessans* (art. 1149 et 1150 C. civ.)

127. Il nous sera aisé de déduire les conséquences de ces principes, lorsque nous les appliquerons à notre question. Mais indiquons d'abord une opinion divergente de l'opinion commune qui aggrave, à notre avis, la responsabilité du locataire.

L'indemnité due au bailleur consisterait, d'après ce système, « dans la réparation ou la reconstruction de l'édifice détruit » [1]. Cette doctrine, qui s'inspirait de la jurisprudence de certains Parlements [2] et se réclamait d'anciens arrêts, est aujourd'hui complètement abandonnée. La réparation pouvait être ainsi supérieure à la perte, et le propriétaire *s'enrichissait* par la substitution d'un édifice neuf à un édifice vieux.

128. L'opinion, que nous partageons est aujourd'hui exclusivement adoptée par la doctrine et la jurisprudence [3].

Le préjudice souffert par le bailleur dont la maison est in-

---

[1] Duvergier, *Du louage*, I, n. 419 ; Troplong, *De l'échange et du louage*, II, n. 390.

[2] V. Legrand sur Troyes, II, p. 338, n. 25.

[3] Rennes, 6 août 1846, D., 47. 4. 323. — Paris, 3 janv. 1850, D., 50. 2. 190. — Nancy, 9 août 1849, D., 50. 2. 92. — Riom, 24 août 1868, D. *Rép.*, vº *Louage*, n. 111, note 1. — Req., 24 nov. 1879, D., 80. 1. 385. — Req., 9 nov. 1869, S., 70. 1. 215. — Guillouard, *Louage*, I, n. 279 s. ; Marcadé, art. 1734, § 6, p. 472 ; Aubry et Rau, IV, § 367, p. 487 ; Laurent XXV, n. 286 s. ; Richard et Maucorps, n. 423.

cendiée, comprend d'abord la valeur vénale de la chose au moment de l'incendie. Mais pour constituer l'indemnité d'incendie, il y aura lieu de déduire de la valeur vénale ainsi déterminée le prix des matériaux préservés du fléau et encore utilisables. En faisant cette opération, l'on obtiendra la perte réelle subie, qui n'est, ainsi que nous le verrons, qu'un élément des dommages-intérêts auxquels peut prétendre droit le propriétaire lésé par l'incendie.

129. Est-ce à dire que le preneur ne puisse s'acquitter en faisant reconstruire à ses frais la maison incendiée? Nous ne le pensons pas. Il jouit, à notre avis, d'une *facultas solutionis* à laquelle le bailleur ne peut s'opposer, puisqu'il y est sans intérêt.

130. Le bailleur reçoit donc la valeur intrinsèque de la maison au moment de l'incendie. Rien de plus juste. C'est le *dammum emergens*. Mais ce n'est là qu'un élément du préjudice et il a droit, en outre, à une indemnité de privation de jouissance. Cette indemnité comprendra-t-elle le montant des loyers jusqu'à l'expiration du bail? Certains ont dit oui, puisque le bailleur en est privé par l'incendie, c'est-à-dire par la faute du bailleur. La cour de Paris répond très justement à cette prétention que l'incendie met fin au bail, et que le preneur ne saurait payer une jouissance qu'il n'a plus.

Le bailleur est victime d'un incendie. Il peut en réclamer la réparation intégrale, qui comprendra, outre la valeur de la maison, la valeur représentative des loyers qui seraient venus à échéance pendant le temps nécessaire à la reconstruction et à la relocation. C'est la formule qui se dégage d'un arrêt de Paris du 3 janvier 1850 (D., 50. 3. 190). Il est tenu, en outre, de tous les frais d'expertise amiable ou judiciaire qui sont une suite nécessaire de la responsabilité qu'il a encourue ([1]).

([1]) Trib. Seine, 5 mars 1858, *J. des Ass.*, 1858, XIX, p. 408.

131. L'étendue de la responsabilité du locataire, comme le principe même de cette responsabilité, est une suite du contrat de bail. Il faut en conclure que le propriétaire ne pourra exiger, à moins de faute prouvée du locataire, que la réparation de ce qui était prévu dans le bail. Ainsi le feu consume deux maisons contiguës appartenant au même propriétaire, mais louées à deux locataires. Le bailleur ne pourra réclamer au locataire chez lequel le feu s'est déclaré que l'équivalent, la représentation de la maison qu'il détenait, parce que cette maison seule était comprise dans le contrat (¹).

Il en est de même du mobilier propre au bailleur qui se trouverait, au moment de l'incendie, dans l'immeuble loué. A-t-il été pris en charge, en location par le locataire? Ce dernier devra une indemnité. Est-il hors du contrat? Il n'est point tenu. Ainsi le veut la distinction que nous avons fixée, dès le début, entre la faute contractuelle et la faute délictuelle.

132. Le propriétaire a-t-il sur l'indemnité d'assurance du risque locatif un droit exclusif garanti par son privilège de bailleur? Cette question sera traitée dans la troisième partie de notre étude.

133. Mais le moment nous semble venu de nous demander si le cautionnement ou l'hypothèque, fourni par un locataire, s'étend de plein droit à la responsabilité spéciale de l'art. 1733 C. civ.?

Le cautionnement est une convention. L'hypothèque est une sûreté réelle attachée à une convention qui en règle l'étendue et le champ d'application. L'on doit en conséquence trancher cette question en s'inspirant des termes du contrat et de l'intention présumée des parties. Or, nous n'hésitons pas à dire que dans la majorité des cas, le juge sera amené par les cir-

---

(¹) Nîmes, 15 mars 1884, D., 84. 2. 97.

constances de la cause, à refuser d'étendre au dommage d'incendie la garantie du cautionnement ou de l'hypothèque. Qui ne voit, en effet, que, le plus ordinairement, la caution personnelle ou réelle n'a eu en vue que la garantie du paiement du loyer et non point les suites d'un événement aussi fortuit et aussi rare que l'incendie (¹) ?

Mais si l'intention commune des parties n'apparaît pas, si les termes de la convention sont généraux, étendrons-nous à l'indemnité l'effet du cautionnement? Nous répondrons par une distinction entre ce qui est une suite du contrat de louage et ce qui lui est étranger.

Ainsi la caution du locataire qui n'a fait aucune réserve, assume toutes les obligations qui résultent pour ce dernier du contrat de bail (art. 2016 C. civ.). Elle sera donc tenue de l'inexécution du bail; mais elle ne saurait répondre des fautes, délits ou quasi-délits que peut commettre le locataire. En d'autres termes, elle se trouve obligée si l'incendie est imputé au preneur en vertu de l'art. 1733, elle ne l'est plus si c'est en vertu de l'art. 1382.

Cette distinction est consacrée par la jurisprudence (²).

SECTION V

EFFETS DE L'INCENDIE SUR LE CONTRAT DE BAIL

134. Par l'effet de l'incendie, la chose louée *périt* en totalité ou en partie. Quelles seront les conséquences de cette perte sur le bail qui existait au moment de l'incendie? Telle est la question que nous allons examiner

---

(¹) Douai, 12 déc. 1853, D., 55. 2. 38.
(²) Chambéry, 10 avril 1567, *J. des Ass.*, 1868, XIX, p. 305 ; Grenoble, 22 avril 1871 et Req. cass., 3 avril 1872, S., 72. 1. 274.

135. Nous croyons utile de mettre immédiatement en relief les art. 1722 et 1741 qui visent cette difficile matière.

Art. 1741. « *Le contrat de louage se résout par la perte de* » *la chose louée.* »

Art. 1722. « *Si pendant la durée du bail, la chose louée est* » *détruite en totalité par cas fortuit, le bail est résilié de plein* » *droit ; si elle n'est détruite qu'en partie, le preneur peut, sui-* » *vant les circonstances, demander, ou une diminution du prix ou* » *la résiliation même du bail. Dans l'un ou l'autre cas, il n'y a* » *lieu à aucun dédommagement.* »

Faut-il distinguer, au point de vue de l'extinction du bail, si la chose périt par cas fortuit ou autrement ? Non. Le contrat de louage ne peut pas, en effet, exister si le preneur n'a pas la jouissance de la chose. Plus d'objet, plus de contrat. C'est le droit commun.

136. Certains ont prétendu que les art. 1722 et 1741 combinés apportaient une dérogation au droit commun. L'art. 1722, dans ce système, serait l'explication de l'art. 1741. D'où la nécessité de distinguer si la chose louée a péri par cas fortuit ou par la faute du preneur. Dans la première hypothèse, le bail serait résolu de plein droit ; dans la seconde, au contraire, le bail continuerait fictivement d'exister, le locataire ne serait point délié de ses engagements et devrait payer le prix d'une jouissance qu'il a perdue par sa faute. Ce raisonnement est erroné et repose sur une confusion.

L'art. 1722 ne s'occupe pas de l'effet extinctif que la perte de la chose louée peut avoir sur le contrat de bail. La difficulté que la loi a en vue, dit Laurent, est celle-ci. La chose louée périt par cas fortuit, en tout ou en partie ; le preneur n'en jouit plus. Peut-il demander que le bailleur reconstruise ce qui a été détruit ? A-t-il droit à des dommages-intérêts contre le bailleur, si celui-ci ne reconstruit pas ? Voici les questions prévues par l'art. 1722 et auxquelles il répond négativement.

La chose a péri; la perte est pour le bailleur : *res perit domino*. Et la loi nous dit, traduisant l'adage romain : *casus a nullo præstantur*, avec le contrat, si la perte est totale, s'éteignent définitivement les obligations réciproques des parties. La perte est-elle partielle ? Une faculté d'option est, au contraire, accordée au preneur.

137. Maintenant, au cas de perte de la chose survenue par la faute du preneur, nous rencontrons deux textes qui déterminent, le premier, le sort du bail, le second, les conséquences de la faute du preneur.

L'objet du bail est-il détruit ? Le bail lui-même est éteint (art. 1741). Et s'il y a faute, le preneur répond de toutes pertes et dégradations (art. 1732).

La perte totale de la chose louée anéantit le bail. C'est un point acquis. Mais supposons que le preneur exerce le droit que nous lui avons reconnu de reconstruire le bâtiment qui fait l'objet de son contrat. Pourra-t-il demander à continuer son bail ? Nous répondons négativement. Que l'incendie soit envisagé comme un cas fortuit ou comme résultant d'une faute, s'il entraîne la perte de la chose, il tombera nécessairement sous l'application des art. 1722 ou 1741. Or, ces deux articles prononcent la résiliation du contrat de bail. Il est donc aussi impossible de le faire revivre que de ressusciter un mort.

En pratique et en dehors des raisons juridiques que nous venons de fournir, il nous paraîtrait singulier de contraindre le bailleur à accepter comme locataire une personne que la loi considère comme ayant été la cause de l'incendie.

A la perte totale de la chose louée, à sa destruction matérielle, il faut assimiler l'impossibilité où le locataire se trouverait d'en jouir. Le contrat de bail a pour objet non point une chose prise en soi, mais la jouissance de cette chose suivant une destination convenue. Si l'objet loué perd son utilité par suite d'un incendie ou autrement, le bail cesse d'exister.

138. Nous savons quel est le sort du contrat de louage au cas de perte totale de la chose louée. Que devrons-nous décider si la perte, au lieu d'être entière, n'est que partielle? Nous ne pouvons nous appuyer que sur l'art. 1722 C. civ., qui, dans le cas spécial de perte partielle, survenue par cas fortuit, décide que le preneur peut, suivant les circonstances, demander une diminution du prix où la résiliation même du bail. Ce texte nous suggère une première observation.

Il ne faudrait pas croire qu'il confère au preneur la faculté de choisir entre l'action en résiliation et l'action en réduction, en imposant au juge de ratifier purement et simplement ce choix. L'on doit d'abord exiger que l'action en résiliation et même en réduction soit justifiée par une perte ou une dégradation d'une certaine importance. Il peut même se faire que la perte assez importante pour donner au preneur le droit d'actionner en réduction de prix, ne le soit pas assez pour que la résiliation du bail soit prononcée. Le preneur n'est recevable à la demander qu'autant que la perte enlève à la chose l'utilité qu'il a recherchée dans la location. C'est dire que la difficulté se résout en une appréciation souveraine du juge qui décide, *suivant les circonstances*, si la demande du preneur a un fondement. L'on voit que l'hypothèse de l'art. 1722 a les plus grandes affinités avec celle de l'art. 1636, au titre de la vente.

139. Nous avons extrait ces déductions de l'art. 1722. Mais ce texte n'a en vue que l'éviction de jouissance totale ou partielle survenue par cas fortuit. Que déciderons-nous donc si la perte est la conséquence d'un incendie, c'est-à-dire d'un événement que la loi considère, à tort ou à raison, comme n'étant pas exclusif de faute? Nous pensons qu'il est conforme au droit commun d'étendre à ce cas les dispositions de l'art. 1722. En effet, dès que le preneur est privé, en tout ou en partie, de la jouissance de la chose, il cesse d'être tenu de payer cette jouissance. Il ne peut être obligé d'exécuter une obligation qui n'a plus d'équivalent, plus de cause. Le locataire pourra donc réclamer une diminution du prix du loyer, si la perte est minime, et même réclamer la résiliation, si la perte est d'une importance telle que le bail n'ait plus désormais d'utilité. Ces solutions sont d'autre part sans aucune influence sur les dommages-intérêts encourus en vertu de l'art. 1732 C. civ.

Cette opinion est adoptée par la jurisprudence, qui décide d'une manière constante qu'il n'y a intérêt que sous le rapport des dommages-intérêts, à distinguer la cause de la destruction (¹).

Nous devons remarquer que l'option relative donnée au preneur ne peut être invoquée par le bailleur, qui ne pourrait, par exemple, demander la résiliation du bail, lorsque le preneur borne son action à une réduction du loyer.

140. Nous avons déterminé les effets de la perte totale ou partielle de la chose louée sur le contrat de bail. Si le bail est résilié soit par la destruction totale de la chose, soit en vertu de l'art. 1722, il ne saurait être question de reconstruction de l'immeuble. Mais si le preneur a demandé simplement une diminution de prix, peut-il exiger du bailleur les réparations nécessaires pour remettre les lieux en état ? Une controverse s'est élevée sur ce point.

Duvergier (*Louage*, 1, n. 523), estime qu'en général le droit du preneur se borne à cette seule alternative : la résiliation ou la diminution du prix. Cependant, il fait fléchir ce principe, lorsque l'événement, qui enlève au bailleur une partie de sa chose, ne constitue pas une perte sans dédommagement. Ainsi,

---

(¹) Paris, 1ᵉʳ avril 1868, D., 68. 2. 85; Paris, 9 juin 1874, D., 77. 2. 52.

le propriétaire est-il indemnisé de toutes ses pertes par une Compagnie d'assurances, Duvergier pense qu'il devra procéder à la réfection, puisque l'indemnité qu'il reçoit comprend somme suffisante pour remettre en état la portion d'immeuble sauvée.

Cette doctrine n'est pas juridique, puisqu'elle soumet le contrat de bail qui se suffit à lui-même, à l'influence d'un contrat qui lui est étranger, le contrat d'assurances.

Aussi bien, Troplong critique-t-il cette opinion et soutient-il avec juste raison que le preneur ne peut exiger les réparations dans aucun cas, ou qu'il peut les réclamer dans tous les cas. A son avis, le locataire peut toujours exiger la réparation. L'art. 1722 ne doit pas être séparé des art. 1719 et 1720. S'il n'oblige pas le bailleur à reconstruire, c'est que cela est inutile en présence de ces deux articles qui astreignent le bailleur à entretenir la chose en état de servir à l'usage pour lequel elle a été louée et à y effectuer toutes réparations utiles.

Troplong commet ici une confusion. Les art. 1719 et 1720 visent l'obligation d'entretien de la chose louée qui incombe au bailleur, mais sont étrangers à l'hypothèse de la réfection, c'est-à-dire de la reconstruction partielle d'un immeuble incendié.

A notre sentiment, qui est celui de la doctrine et d'une jurisprudence importante, la perte totale ou partielle de la chose louée résout le bail dans la même proportion, et le preneur ne possède contre le bailleur aucune action pour le forcer à reconstruire.

Cela nous semble conforme aux vrais principes.

CHAPITRE II

LA RESPONSABILITÉ DES DIVERS OCCUPANTS DE LA MAISON LOUÉE

SECTION PREMIÈRE

RESPONSABILITÉ DES COLOCATAIRES, OCCUPANT SEULS L'IMMEUBLE, A L'ÉGARD DU BAILLEUR

A. *Régime de l'art. 1734 (ancien) du C. civ.*

141. L'art. 1733 vise une hypothèse simple. Le locataire occupe seul un immeuble, sans subir la cohabitation ni du propriétaire ni d'autres locataires. Si cet immeuble vient à être détruit par l'incendie, le locataire en devra la valeur, parce qu'il manque à l'obligation que lui impose le bail de restituer la chose louée à l'expiration de son contrat. C'est une règle de droit commun.

Mais cette solution va singulièrement se modifier si, avec le locataire, il y a, dans le même immeuble, soit le propriétaire, soit d'autres locataires. Nous aurons, en ce cas, à nous préoccuper de difficultés multiples et complexes. Le point de départ de l'incendie devra être pris en considérations, car la responsabilité des occupants différera suivant que l'origine du feu sera ou non connue. Il y aura lieu ensuite à répartir le montant du préjudice entre les divers responsables.

Ces problèmes délicats sont prévus par l'art. 1734 C. civ. profondément modifié par la loi du 5 janvier 1883.

142. Aussi bien, pensons-nous faire œuvre utile en plaçant l'examen de l'art. 1734 (ancien) comme préambule à l'étude de la nouvelle loi.

L'art. 1734 (ancien) était ainsi conçu :

« *S'il y a plusieurs locataires, tous sont solidairement res-* » *ponsables de l'incendie ;*

» *A moins qu'ils ne prouvent que l'incendie a commencé dans* » *l'habitation de l'un d'eux, auquel cas celui-là seul en est tenu ;*

» *Ou que quelques-uns ne prouvent que l'incendie n'a pu* » *commencer chez eux, auquel cas ceux-là n'en sont pas tenus.* »

Ce texte édicte la responsabilité solidaire contre tous les locataires d'un même immeuble. Un incendie vient-il à éclater, le propriétaire peut à son gré s'adresser à l'un des locataires et lui faire supporter la perte d'un immeuble dont il pouvait n'occuper qu'une faible partie.

Le locataire répond, dans ces conditions, au-delà de son contrat. Qu'a-t-il reçu ? Une portion d'immeuble, et il ne devrait être tenu que dans cette proportion. Tel est bien le droit commun.

143. Comment alors justifier cette solidarité anormale et, surtout, comment concilier le principe de l'art. 1734 avec l'explication que nous avons donnée de l'art. 1733 ? Nous venons, en effet, d'établir que la responsabilité du locataire est conforme au droit commun, que le preneur est tenu, parce qu'il manque de représenter le corps certain, l'objet entier dont il est débiteur. Et cette notion, qui est la notion de la responsabilité contractuelle, est aussitôt contredite par un texte formel. Car si les locataires répondent les uns pour les autres, ce ne peut être en vertu de leur contrat, mais à cause d'une présomption de faute délictuelle qui pèse sur tous indistinctement.

144. Cette antinomie, qui est non seulement apparente et superficielle, mais très réelle, a une cause historique.

L'ancienne jurisprudence, même dans son dernier état, n'a jamais complètement détaché la responsabilité du locataire de l'idée de faute aquilienne. Un seul locataire occupe-t-il l'immeuble loué, le propriétaire est suffisamment protégé par son contrat, sans avoir recours à la règle *Plerumque*... Mais, au contraire, s'il y a cohabitation de locataires, l'on se préoccupe de fortifier le droit du propriétaire en lui accordant une action solidaire contre chacun des preneurs. Cette disposition n'est certainement pas logique, mais le but que l'on poursuit sera ainsi atteint. Le propriétaire sera, dans tous les cas, efficacement garanti contre le risque d'incendie.

Cette doctrine a passé dans notre droit sans que personne ait songé à se récrier au nom des principes. On s'est montré sévère pour rendre plus étroite la surveillance que les locataires devraient exercer les uns sur les autres. C'est ce qui résulte des paroles du tribun *Mouricault*, qui prévient les locataires « d'avoir à se surveiller mutuellement, surtout désormais au » moyen de l'avertissement qui leur a été donné » (Fenet, IV, p. 200).

La justification ne valait pas mieux que le principe, car, est-il besoin de le faire remarquer, les locataires sont des tiers entre eux ; ils ne peuvent exercer aucun contrôle sur leurs actes respectifs. La faute, s'il y en a une, est imputable au propriétaire qui n'aurait pas dû accepter un locataire négligent.

Mais, quoi qu'il en soit, les conséquences de la responsabilité solidaire étaient dures et injustes. Le propriétaire, pouvant s'adresser indistinctement à l'un des locataires, ne manquait jamais de diriger son recours contre celui qui était solvable et qui, en définitive, se trouvait ainsi tenu pour le tout. En outre, il pouvait arriver que l'un des locataires, moins heureux que les autres et ne pouvant rapporter la preuve de son exonération, répondît des suites d'un incendie auquel il était cependant complètement étranger.

145. Le propriétaire pouvait donc agir pour le tout contre chacun des locataires, sous les restrictions des alinéas 2 et 3 de l'art. 1734 ancien. Cette solidarité était critiquée par les interprètes. Aussi bien, certains s'étaient-ils refusés à lui reconnaître la nature et les caractères de la solidarité. La contribution de chaque locataire à l'indemnité d'incendie était, en particulier, l'objet de nombreuses controverses.

Pour les uns, la solidarité de l'art. 1734 était imparfaite et ne produisait que partie des conséquences de la solidarité ordinaire.

Il est certain que bien des effets de la solidarité ne peuvent s'expliquer et se comprendre qu'autant que l'on suppose entre les obligés l'existence d'un contrat de société qui leur confère le mandat de se représenter et de s'obliger les uns les autres. Or, des liens de société n'existant pas entre les locataires, l'on a pensé que la solidarité de l'ancien article 1734 permettait seulement au propriétaire de s'adresser pour le tout à l'un des locataires.

Cette thèse, soutenue par Mourlon ([1]), aboutissait aux trois conséquences suivantes :

1° La poursuite dirigée contre l'un des locataires n'était pas interruptive de prescription à l'égard des autres ;

2° La mise en demeure adressée par le propriétaire à l'un des locataires n'avait pas d'effet à l'égard des autres ;

3° La demande judiciaire formée contre un seul des locataires ne faisait pas courir les intérêts vis-à-vis des autres.

146. D'après une autre opinion ([2]), il y aurait lieu de distinguer les effets de l'obligation solidaire avant et après la con-

([1]) *Répétitions écrites*, II, n. 1259 et 1260.
([2]) Aubry et Rau, IV, § 298 *ter*.

damnation. Le propriétaire aurait le droit d'agir pour le tout contre l'une ou l'autre des personnes responsables et celui de provoquer contre toutes une condamnation solidaire. Tant qu'une condamnation n'est pas intervenue, les actes interruptifs de prescription et les demandes en justice n'ont leur effet légal qu'à l'égard seulement du locataire auquel ils s'adressent. La condamnation solidaire une fois obtenue, les règles relatives aux rapports du créancier et du débiteur solidaire deviendraient applicables à l'obligation ainsi reconnue.

Et les savants auteurs, comme toujours sans justifier leur opinion, ajoutent que la répartition de la dette ne se fait pas nécessairement *pro portione virili*, mais que les tribunaux peuvent fixer arbitrairement la base de la répartition. Parmi les circonstances aggravantes de la responsabilité des locataires, l'on cite l'étendue des lieux loués et même les habitudes ou la profession des locataires.

147. Nous repoussons cette appréciation qui ne reposait sur aucun texte. Les présomptions que l'on établissait ainsi sont essentiellement arbitraires, car il n'est point exact de dire que le péril d'incendie est proportionnel à l'importance des appartements. Au surplus, la présomption de l'art. 1734 (ancien) était fondée sur une obligation réciproque de surveillance qui pesait également sur chaque locataire. Et nous aurions d'autant moins hésité à décider que la répartition devait se faire également entre les locataires que rien dans cette disposition ne nous indiquait l'intention du législateur de déroger à l'art. 1214.

L'opinion commune, en doctrine et en jurisprudence, était fixée en ce sens. La responsabilité, découlant pour tous les locataires d'un même principe, doit s'imposer à chacun d'eux dans la même proportion.

Cette solidarité appartient au passé. L'étude sommaire que

nous venons d'en faire a eu pour but de nous préparer à l'étude de la loi nouvelle du 5 janvier 1883 et d'en fixer les précédents.

B. *Régime de la loi de 1883.*

148. Nous avons vu que la solidarité édictée par l'art. 1734 du Code civil était l'objet de vives critiques. Tout le monde réclamait l'abrogation de cette disposition anormale et sévère. Une loi du 5 janvier 1883 a donné satisfaction à ce vœu.

Quelques explications nous paraissent nécessaires sur l'origine et les travaux préparatoires de cette loi.

L'initiative en revient à M Viette, qui n'en est point à vrai dire le père, mais exactement la cause occasionnelle, le promoteur. En effet, dès l'année 1879, l'honorable député du Doubs proposait l'abrogation pure et simple, non seulement de l'art. 1734, mais de l'art. 1733 (¹).

Ces deux articles présentaient, à son avis, une dérogation au principe général de la responsabilité écrite dans l'art. 1382. Ils formaient un dernier vestige de la règle : *Incendia...* qu'il traduisait plaisamment par cette phrase : *Tous les locataires sont des incendiaires !*

L'auteur du projet ajoutait que ces dispositions devraient disparaître, parce que l'institution des Compagnies d'assurances avait profondément modifié les rapports de preneur à propriétaire au point de vue de l'incendie, et qu'il n'était que temps d'abolir une règle qui soumettait un seul et même risque à deux primes onéreuses. Il estimait, en conséquence, qu'il fallait renoncer à l'exception portée dans les art. 1733 et 1734 pour en revenir au principe de l'art. 1382.

La commission d'initiative parlementaire, chargée d'examiner le projet, tomba dans la même erreur juridique.

(¹) Annexe au procès-verbal de la séance du 18 mars 1879, *J. officiel.*

Pour elle, l'art. 1382 est le texte organique de toute responsabilité. La faute se prouve et ne se présume pas, et elle concluait que la responsabilité exceptionnelle du locataire devrait désormais être régie par le droit commun.

On doit, disait M. Seignobos, rapporteur, se féliciter comme d'un progrès, comme d'une conquête de la justice et de l'égalité, chaque fois qu'une exception, qu'un privilège est effacé de nos lois, et que les principes généraux du droit recouvrent leur application dans un cas qui jusqu'alors leur était soustrait ([1]).

149. Dans la conclusion de notre étude, nous examinerons, au point de vue économique, l'initiative d'abrogation de M. Viette. Ce projet de loi avait le grave défaut de contrarier les vrais principes et de reposer sur une confusion juridique certaine. Aussi bien, ne devait-il pas trouver grâce devant une commission composée de juristes. M. Durand, alors professeur à la faculté de droit de Rennes, fut nommé rapporteur de cette commission, et, en réalité, c'est un projet absolument nouveau qu'il substitua au projet Viette, présenté à la précédente législature.

L'honorable rapporteur répond d'abord à ceux qui voient dans l'art. 1733 une exception au droit commun, et il fixe d'une manière définitive le caractère contractuel de la responsabilité d'incendie :

« La responsabilité inscrite dans l'art. 1733 du C. civ. n'est,
» à son avis, qu'une application logique des règles qui gouver-
» nent les contrats. Aussi était-elle déjà admise dans la légis-
» lation romaine, proclamée dans nos anciens parlements, et
» n'est-elle, dans le code lui-même, qu'une conséquence du
» principe général déposé dans l'art. 1302 ».

La disposition de l'art. 1733 est donc juridique et ration-

[1] Ch. des Dép., *J. officiel.* Annexe n. 1502. Séance du 12 juin 1879.

nelle. Il faut non seulement la respecter, mais étendre ses effets
à l'art. 1734. Le principe est simple : le locataire est responsable, parce qu'il est tenu de conserver et de rendre l'objet
loué et que l'incendie ne constitue pas en soi un cas fortuit
libératoire. Mais sa responsabilité est bornée à l'objet du contrat, et les dommages-intérêts pour inexécution n'en doivent
pas dépasser la valeur.

Les locataires d'un même immeuble étaient au cas d'incendie
tenus solidairement (Art. 1734 ancien). Cette solidarité était
injuste et exorbitante du droit commun. Elle s'appliquait à des
personnes sans aucun lien juridique entre elles, et d'autre part
l'on aurait vainement essayé de l'expliquer par l'idée de délit.
La commission conclut donc à la suppression de cette solidarité et à son remplacement par une responsabilité proportionnelle à l'importance de chaque location.

Et cependant, M. Durand s'écarte déjà de la règle de droit
qu'il a placée à la base de la responsabilité du locataire. Il ne
sait point se dégager complètement de l'idée de faute délictuelle, et, s'il déclare, dans le cas de l'art. 1734, chaque locataire responsable dans la proportion de son loyer, ce n'est
point parce qu'il ne doit que la valeur de son appartement,
mais parce qu' « il est présumable que l'incendie est plutôt,
» par exemple, du fait de celui qui occupe huit ou dix pièces,
» qui a cinq ou six feux, que du fait de celui qui n'occupe
» qu'une seule chambre et qui n'a qu'un feu ».

La présomption de faute intervient encore, lorsque l'éminent
jurisconsulte se demande par qui, du propriétaire ou des preneurs, sera supportée la responsabilité d'incendie incombant
aux locataires qui prouvent que l'incendie n'a pu commencer
chez eux : « En principe, et à priori, quand la cause d'un in-
» cendie n'est pas connue, tous les locataires sont présumés
» en faute. Lorsque l'un d'eux établit qu'il ne l'est pas, la pré-

» *somption* ne peut que se reporter tout entière sur les autres
» et c'est dès lors sur eux aussi que doit retomber d'autant la
» responsabilité de l'incendie ».

Le projet de loi, présenté à la chambre des députés, modifiait en ces termes l'art. 1734 :

« *S'il y a plusieurs locataires, tous sont responsables de l'in-*
» *cendie, proportionnellement à la valeur locative de la partie*
» *de l'immeuble qu'ils occupent ;*

» *A moins qu'ils ne prouvent que l'incendie a commencé dans*
» *l'habitation de l'un d'eux, auquel cas celui-là seul en est tenu ;* .

» *Ou que quelques-uns ne prouvent que l'incendie n a pu com-*
» *mencer chez eux, auquel cas ceux-là n'en sont pas tenus et*
» *les autres répondent du tout, comme il est dit ci-dessus* ».

150. Le projet de la commission fut voté sans discussion, et transmis au Sénat. La commission du Sénat ne fut d'accord avec la Chambre que sur un point : l'abrogation de la solidarité. Mais elle releva la contradiction qui, dans le système voté par la Chambre, existait entre le principe contractuel proclamé à propos de l'art. 1733 et la présomption de faute qui servait de base à l'art. 1734. Son rapporteur, M. Batbie ([1]), fit ressortir cette antinomie en termes saisissants :

« La majorité de notre commission, disait l'éminent profes-
» seur à la Faculté de droit de Paris, a été d'avis que la
» deuxième modification ne serait pas en harmonie avec l'es-
» prit de la première. S'il est juste que la responsabilité en
» cas d'incendie soit limitée à une part corrélative à la valeur
» locative, *pourquoi cette part serait-elle augmentée par l'exo-*
» *nération d'un ou de plusieurs locataires ?* Ce serait rentrer
» dans l'obligation *in solidum* après l'avoir condamnée et y
» avoir substitué l'obligation *pro rata parte.* Aussi la Commis-

([1]) Annexe au procès-verbal de la séance du 11 mai 1882, *Journal officiel.*

» sion vous propose-t-elle de limiter la modification de l'art.
» 1734 au premier paragraphe.

» Sans doute *la part de celui qui a fait la preuve qu'il n'est*
» *pas en faute sera supportée par le propriétaire ;* mais l'objec-
» tion ne doit pas nous arrêter, car il est naturel que la perte
» tombe sur le propriétaire, en vertu du principe : *res perit*
» *domino.* Les locataires, à moins que la faute de l'un d'eux ne
» soit démontrée, ne pourraient être tenus qu'en vertu d'une
» présomption qu'on n'a pas trouvé juste de maintenir, et
» d'une responsabilité qu'on a été d'avis de supprimer ».

Le rapport fait ensuite ressortir la distinction fondamentale
des fautes contractuelle et délictuelle.

« Quand il y a plusieurs locataires, dit-il, chacun d'eux n'est
» tenu de restituer que la portion que le bailleur lui a livrée.
» A l'égard des autres appartements, il n'est qu'un voisin, et
» en dehors de tout engagement contractuel. Si pour son
» appartement qui est l'objet de son bail, il est tenu en vertu
» de l'art. 1302, pour le reste de la maison, le locataire n'est
» obligé que par l'art. 1382. Aussi doit-il prouver, pour la por-
» tion habitée par lui, qu'il n'est pas en faute. Pour les appar-
» tements voisins, il faut, au contraire, qu'on lui prouve qu'il
» est en faute, car on ne peut l'actionner pour cette portion
» des locaux que s'il a commis un délit ou un quasi-délit ».

Le Sénat se rallia aux observation de sa commission et sup-
prima les derniers mots du troisième paragraphe du texte voté
par la Chambre : « et les autres répondent du tout, comme il
est dit ci-dessus ».

Cette simple modification marquait bien la réforme complète
que l'on entendait faire subir au texte de la Chambre.

Ajoutons que la commission de la Chambre a accepté, bien
qu'à regret, le texte du Sénat qui est ainsi devenu la loi du
5 janvier 1883.

151. Au cas d'occupation de la maison incendiée par plusieurs locataires, les principes généraux voulaient, avons-nous dit, que chaque locataire fût déclaré seulement responsable de la partie d'immeuble qu'il détenait à bail. Mais dans un esprit de protection excessive de la propriété urbaine, le code civil avait édicté contre les locataires la responsabilité solidaire d'incendie.

Cette solidarité, objet de vives critiques, a été supprimée par la loi de 1883, dont nous avons à rechercher la portée. C'est, en vérité, une tâche délicate, car les opinions contradictoires, émises au cours des travaux préparatoires, alimentent un conflit qui semble irréductible entre la doctrine et la jurisprudence. Il y a cependant quelques points sur lesquels l'accord s'est fait dès le début et que nous fixerons avant d'examiner les controverses.

152. La solidarité est abolie. S'il y a insolvabilité de l'un des locataires, sa part est supportée par le propriétaire.

D'autre part, tout le monde est d'accord sur le sens du § 1er de l'art. 1734 qui a pour effet de substituer à l'ancienne obligation solidaire une obligation conjointe et proportionnelle à la valeur locative de la partie de l'immeuble que chaque locataire occupe. En d'autres termes, le § 1er de l'art. 1734 prévoyant l'hypothèse où un immeuble, occupé par plusieurs locataires, vient à être entièrement détruit sans que l'on puisse fixer le point de départ de l'incendie, décide que, pour ce cas, chaque locataire cessera d'être solidairement tenu du dommage d'incendie et ne répondra plus que d'une indemnité proportionnelle à la valeur locative de son logement.

153. Jusqu'à ce point, le texte est clair et ne peut donner lieu à des divergences d'interprétation. Les difficultés vont naître sur les deuxième et troisième paragraphes de cet article qui visent, l'un, l'hypothèse où il est établi que le feu a commencé chez l'un des locataires, l'autre, l'hypothèse où un ou plusieurs locataires prouvent que le feu n'a pu commencer chez eux. Avant de formuler l'opinion qui nous paraît vraie, nous allons exposer le système de la jurisprudence.

Rappelons les termes du texte en litige (art. 1734) :

« S'il y a plusieurs locataires, tous sont responsables de » l'incendie proportionnellement à la valeur locative de la par- » tie de l'immeuble qu'ils occupent :

» *A moins qu'ils ne prouvent que l'incendie a commencé dans* » *l'habitation de l'un d'eux, auquel cas celui-là seul en est tenu ;*

» *Ou que quelques-uns ne prouvent que l'incendie n'a pu com-* » *mencer chez eux, auquel cas ceux-là n'en sont pas tenus* ».

Ainsi donc, ce qui est certain, c'est que les locataires qui établissent que le feu n'a pu commencer chez eux, sont exoné- rés de toute responsabilité d'incendie.

Mais leur part de responsabilité, en vertu d'une présomption de faute délictuelle, accroît-elle aux locataires qui n'ont pu rapporter cette preuve, ou bien ces derniers ne sont-ils, même en ce cas, tenus que contractuellement, c'est-à-dire de la seule valeur locative de leur logement ?

Nous avons ainsi précisé l'objet du débat.

154. La Cour suprême a été appelée, en premier lieu, à sta- tuer sur le cas où il est établi que l'incendie a commencé dans l'habitation de l'un des locataires. La question à trancher était donc celle-ci : quelle est l'étendue de la responsabilité ? Nous trouvons les raisons de décider de la Cour de cassation dans le rapport très étudié de M. le conseiller Dislère (¹).

Au dire du rapporteur, les modifications faites à l'ancien art. 1734, n'auraient porté que sur les 1ᵉʳ et 3ᵉ paragraphes. Au mot *solidairement* du § 1, la Chambre avait substitué : « tous

---

(¹) Cass. req., 5 avril 1887, D., 87. 1. 329.

» sont responsables de l'incendie *proportionnellement* à la va-
» leur locative de la partie de l'immeuble... etc. »

La première modification a été acceptée sans discussion par
le Sénat.

La Chambre avait ajouté au § 3 de l'ancien article : « et les
» autres répondent *du tout*, dans la proportion indiquée au
» § 1er du présent article ». Elle marquait ainsi son intention
d'astreindre les locataires restant obligés, à la réparation proportionnelle de tout le préjudice.

La commission du Sénat retrancha cette addition, et il fut
observé que la part des locataires exonérés serait supportée
par le propriétaire.

Donc, conclut le rapporteur, si l'on s'attache au texte, le
§ 1 a seul été modifié, le § 3 a donné lieu à un échange de vues
entre la Chambre et le Sénat, et le § 2 est resté en dehors de
toute discussion. Pas de modification dans la lettre, pas de
modification dans l'interprétation.

155. Le pourvoi objectait deux moyens :

1° Le texte du § 2 de l'art. 1734 n'est pas clair. Il dit bien que
le locataire est responsable, mais non dans quelle proportion.

2° Les travaux préparatoires démontrent que le Sénat a entendu substituer pour toutes les hypothèses de l'art. 1734 la
responsabilité divise et proportionnelle à la responsabilité
solidaire.

A cela le rapporteur répond :

L'expression « en est tenu » qui termine le § 2 veut dire :
l'incendie tout entier. Outre, en effet, que cette expression est
la reproduction textuelle d'un passage de Pothier, l'ancien
droit et le Code civil l'ont toujours entendu en ce sens.

Au surplus, un seul locataire étant responsable, on se trouve
ramené au cas de l'art. 1733 qui dispose que le locataire est
tenu de l'incendie.

Enfin, serait-il équitable que le locataire chez qui l'on prouve
que le feu a pris, pût, par un fait dont il est responsable, exonérer tous les autres locataires et diminuer ainsi le recours du
bailleur ?

L'on serait mal venu, ajoute le rapporteur, à se réclamer des
travaux préparatoires de la loi, car M. Batbie proteste contre
l'interprétation que l'on donne de son rapport au Sénat.

La Cour de cassation a formé une synthèse de ces divers arguments dans un arrêt de principe qui juge définitivement
cette question (¹).

Attendu, dit la Cour, que le § 2 de l'art. 1734, modifié par la loi
du 5 janvier 1883, n'est que la reproduction textuelle du § 2
de l'ancien article ; que les termes sont clairs ; que le locataire
chez qui le feu a pris, seul responsable de l'incendie s'il ne
parvient pas à écarter la présomption légale de faute qui pèse
sur lui, est donc tenu de la totalité du préjudice ;

Qu'il résulte des travaux préparatoires que les modifications
que le législateur a voulu introduire dans l'ancien art. 1734
ont porté exclusivement sur les 1ᵉʳ et 3ᵉ paragraphes de cet
article.

156. Cet arrêt, éclairé du rapport qui le précède, déclare
donc que l'art. 1734 nouveau ne diffère de l'ancien que par
l'absence de tout lien de solidarité entre les divers locataires
obligés à la réparation d'incendie. La responsabilité du preneur ne dérive point, comme l'ont démontré les travaux préparatoires, du contrat de bail, mais elle serait fondée sur la
présomption de faute délictuelle et le danger des incendies.

Il y a une différence essentielle et spécifique, au dire de la
Cour de cassation, entre l'art. 1732 et les art. 1733 et 1734.

L'art. 1732, application au louage de l'art. 1302, restreint la

(¹) Civ. rej., 4 juin 1889, D., 90. 1. 351.

responsabilité du locataire aux seules dégradations et pertes de la chose louée qu'il s'est obligé de restituer intacte.

Au contraire, aux termes des art. 1733 et 1734, le preneur répond de « l'incendie lui-même » et de toutes ses conséquences sur l'immeuble, quand même il n'en aurait reçu qu'une partie. C'est une responsabilité anormale, fondée sur la présomption de faute.

La loi de 1883 n'a pas touché à l'art. 1733, et son amendement à l'art. 1734 a eu seulement pour effet de supprimer l'obligation solidaire. Vainement, invoquerait-on les travaux préparatoires, car il ne suffit pas qu'une opinion se soit produite dans la discussion, si le vote d'aucun texte n'est venu l'appuyer.

Le débat, en jurisprudence, est donc définitivement épuisé, et nous ne citerons que pour mémoire un nouvel arrêt de la chambre civile (¹), cassant une décision de la cour de Pau (²) qui avait fait application à l'espèce qui lui était soumise des vrais principes de la solidarité contractuelle. Cet effort très louable est resté vain.

La présomption de faute continue à peser lourdement sur les locataires qui sont déclarés responsables de toutes les suites de l'incendie, s'ils ne sont assez heureux pour établir que le feu a commencé hors de leurs appartements. Et cette présomption revêt un caractère particulier, anormal. La faute présumée n'est point purement délictuelle, puisqu'elle ne donne point ouverture à la réparation intégrale du dommage, ni purement contractuelle, puisque la réparation s'étend au-delà de l'objet du contrat. C'est une faute *sui generis*.

157. La doctrine est unanime, au contraire, à limiter, dans tous les cas, la responsabilité du locataire à la valeur locative

(¹) Cass., 9 mai 1892, S., 92. 1. 240.
(²) Pau, 15 juillet 1891, S., 91. 2. 216.

de la partie de l'immeuble qu'il occupe ([1]). Elle se base sur les discussions de la loi devant les deux Chambres.

A la Chambre et au Sénat, les rapporteurs se sont appliqués à caractériser la responsabilité du locataire au cas d'incendie. Ils ont, l'un et l'autre, proclamé que l'art. 1733 ne devait pas être modifié, parce qu'il était conforme aux principes généraux et au droit commun. Le locataire doit indemniser le bailleur de la perte d'incendie qu'éprouve la maison qu'il occupe. C'est une suite de l'obligation qui lui incombe de restituer la chose louée ou de prouver qu'elle a péri sans sa faute.

La réforme nouvelle porte tout entière sur la suppression de la solidarité anormale de l'art. 1734. Elle a eu pour but de réconcilier ce dernier texte avec l'art. 1733, tel que l'ont compris les auteurs de la loi, et non tel que l'entend la cour de cassation. Chaque locataire n'est plus désormais responsable qu'à concurrence de la valeur locative de l'appartement qu'il détient.

158. Mais, peut-on objecter, si la pensée du législateur a été, en supprimant la solidarité, de borner la responsabilité du locataire à l'objet de son contrat, pourquoi a-t-il maintenu intacts les § 2 et 3 de l'art. 1734 ? N'a-t-il pas ainsi marqué son intention de leur conserver leur ancienne signification ?

Il est facile de répondre. Ces deux paragraphes avaient pour résultat de soustraire les locataires, sous certaines conditions, à l'obligation solidaire édictée par le § 1. Les locataires non justifiés restaient tenus du tout par une suite naturelle et nécessaire de la solidarité. Mais la solidarité ayant été abrogée, les conséquences qui en découlaient disparaissent. Les locataires qui ne peuvent s'exonérer répondent désormais dans les

---

([1]) Guillouard, *Louage*, 1, p. 277 ; Sauzet, *Rev. crit.*, 1885, p. 166 ; de Lalande et Couturier, n. 670 ; Richard et Maucorps, 549 et suiv. ; Baudry-Lacantinerie, *Précis*, n. 686 et suiv. ; Huc, *Code civil*, X, p. 325 et suiv.

termes du § 1 du dommage d'incendie, c'est-à-dire dans la mesure de leur contrat.

L'on peut, il est vrai, critiquer la rédaction de l'art. 1734 qui est vicieuse. Quelques mots ajoutés ou retranchés auraient suffi, nous le reconnaissons, à en fixer le sens et la portée. Mais si l'on a maintenu la forme primitive, il ne faut pas en chercher ailleurs la raison que dans le respect exagéré que l'on porte à la rédaction du code civil. L'on n'a point modifié les derniers paragraphes de l'art. 1734, parce qu'ils n'étaient pas inconciliables avec l'esprit de la loi de 1883.

Nous avons réfuté par avance l'opinion qui, basant la responsabilité du locataire sur la présomption de faute, rend ce dernier responsable de toutes les conséquences de l'incendie, la présomption étant indivisible et ne pouvant pas exister pour une partie d'un immeuble et ne pas exister pour le surplus. Cette thèse, formellement rejetée par les travaux préparatoires, est repoussée par le texte même de la loi nouvelle.

En effet, si la responsabilité du locataire avait pour base une présomption de faute délictuelle, cette présomption, au cas du § 1er de l'art. 1734, pèserait également sur tous les locataires. La répartition du dommage devrait donc se faire par parts égales entre ces derniers. Et que l'on ne dise pas que la présomption de faute pèse plus lourdement sur les locataires des grands appartements que des petits, car les statistiques prouvent le contraire.

Or, à la répartition égale du préjudice d'incendie inscrite dans l'ancien art. 1734, la loi nouvelle a substitué la répartition proportionnelle à la valeur locative de chaque appartement. C'est, à notre avis, et en outre des raisons que nous avons déjà données, la preuve manifeste que, au cas où plusieurs locataires habitent le même immeuble, chacun n'est responsable, hors le cas de faute prouvée, que de ce qui fait l'objet de son contrat, d'après une proportion fixée par l'art. 1734-1°.

SECTION II

EFFETS DE LA COHABITATION DU PROPRIÉTAIRE SUR LA RESPONSABILITÉ DES LOCATAIRES A SON ÉGARD

159. Les art. 1733 et 1734 du Code civil, dont nous venons d'achever l'étude, sont relatifs, l'un, à la responsabilité du preneur unique occupant tout l'immeuble loué, l'autre, à la responsabilité des locataires qui occupent entièrement, mais divisément, l'immeuble loué. Ils laissent, en dehors de leurs prévisions, le cas fréquent où le propriétaire habite une partie de la maison louée. Nous allons rechercher l'influence que cette cohabitation pourra exercer sur la nature et l'étendue de la responsabilité du locataire, et, fidèle à une distinction que nous avons déjà faite, nous examinerons successivement cette question, en son premier état, sous l'empire de l'ancien art. 1734, en son état actuel, sous le régime de la loi de 1883.

A. *Régime de l'art. 1734 (ancien) du C. civ.*

160. Le propriétaire habite une partie de la maison. Cette circonstance avait-elle pour résultat de modifier la responsabilité du preneur, soit dans son caractère juridique, soit dans son étendue, et s'il y avait plusieurs locataires, continuaient-ils à être tenus d'une obligation solidaire ? Ces questions étaient controversées.

161. Dans un premier système, la responsabilité du locataire devait cesser d'exister de plein droit, lorsque le propriétaire habitait une partie de l'immeuble incendié (¹). Les art. 1733

_____

(¹) Duranton, XVII, n. 109.— Turin, 8 août 1809, S., 11. 2. 114.— Riom, 4 août 1829, D. *Rép.*, v° *Louage*, n. 411. — C. Paris, 4 décembre 1830, *Gaz. des Trib.*, 30 décembre 1830. — Trib. Lyon, 5 et 6 octobre 1863, *J. Ass.*,

et 1734, au dire de cette opinion, viseraient exclusivement le cas
où le bâtiment incendié est entièrement habité par des locataires. Le propriétaire s'étant alors dessaisi de la possession de
l'immeuble au profit de ses locataires, ceux-ci, à ses lieu et
place, seraient tenus d'exercer une surveillance étroite sur la
chose louée.

Mais, au contraire, le propriétaire vient-il habiter la maison
louée, la disposition de l'art. 1733, que les partisans de cette
thèse considèrent comme exceptionnelle, cessera de s'appliquer.
La présomption de faute délictuelle n'a plus de base, et doit
disparaître, puisqu'elle repose sur l'impossibilité où se trouve
le propriétaire de surveiller sa chose. Le propriétaire est là
pour surveiller et garder la maison, et sa présence dispense le
locataire du devoir de surveillance. Il ne pourra agir contre les
locataires qu'à la condition de prouver leur faute dans les termes du droit commun.

Cette théorie s'inspire très certainement de la règle tradi-
tionnelle : *Incendia plerumque...*, mais elle en fait une application contestable. La responsabilité que la loi fait peser sur le
locataire est fondée sur une présomption de négligence. Or,
n'est-il pas évident que la présence du propriétaire dans l'immeuble est indifférente aux devoirs de surveillance dont le
locataire est tenu ?

L'idée de surveillance est donc indifférente à cette question.

Elle est inadmissible en fait et en droit ([1]). En fait, le propriétaire même présent, ne peut entrer chez son locataire et le
surveiller; en droit, l'obligation du locataire de conserver et
de restituer la chose est indépendante de la présence ou de la
non présence du propriétaire dans l'immeuble ».

XIV, p. 426, année 1863. — C. Paris, 24 juin, 1er juillet 1854, *J. Ass.*, V,
p. 304, année 1854.

([1]) Guillouard, *Louage*, I, n. 272.

162. D'après une deuxième opinion, le propriétaire, même quand il occupait une partie de l'immeuble loué, pouvait invoquer le bénéfice de l'art. 1733, s'il prouvait que le feu avait pris chez ses locataires, ou s'il prouvait, tout au moins, que le feu n'avait pas pu prendre dans son appartement ou dans les locaux affectés à un usage commun. Cette théorie prévalait en doctrine, et elle était presqu'exclusivement appliquée par la jurisprudence (¹).

Mais sur quel principe s'appuyait-on pour astreindre le propriétaire à prouver, avant tout, que l'incendie n'avait point commencé dans son appartement ? Nous savons que les uns faisaient dériver la responsabilité du locataire des principes généraux et du contrat de bail, tandis que les autres la fondaient sur une présomption de faute délictuelle. Logiquement, dans la première opinion, la présence du propriétaire dans l'immeuble loué aurait dû être sans influence sur la responsabilité du locataire, tandis que, dans le deuxième système, l'action du bailleur n'aurait pu être exercée qu'autant qu'il se serait déchargé de la présomption de faute qui, basée sur le fait de l'habitation, pesait également sur le preneur et sur lui-même.

Et cependant, l'on était à peu près unanime à exiger du propriétaire la preuve préalable que l'incendie n'avait point commencé dans la portion d'immeuble qu'il habitait. Mais, les partisans de la responsabilité contractuelle éprouvèrent un grand embarras pour justifier leur décision sur ce point spécial, et ils n'invoquaient à l'appui que des raisons de fait ou de législation qui allaient à l'encontre du principe même de leur thèse.

Aussi bien, sommes-nous justement surpris de voir Troplong

(¹) Troplong, *Échange et louage*, II, n. 380 ; Duvergier, I, p. 429, n. 425 ; Aubry et Rau, IV, p. 486, note 26, § 367 ; Marcadé, VI, sur les art. 1733 et 1734, n. 4.

se contredire au point de déclarer (¹) : « La présomption de l'art.
» 1733 se fonde sur ce que l'incendie a eu nécessairement son
» origine chez l'un ou chez l'autre des locataires. Mais si le
» propriétaire habite la maison, quelle voix s'élèvera pour
» affirmer que le feu a pris plutôt chez les locataires que chez
» lui? Qui répondra qu'il n'a pas pris plutôt chez lui que chez
» les autres? Qu'il n'a pas commencé dans les aisances com-
» munes de la maison, dans les corridors fréquentés par tous
» les habitants sans distinction? Et au milieu de ce doute inso-
» luble, quel juge osera prononcer une condamnation » ?

L'erreur de cet auteur, qui peut s'expliquer par des considérations pratiques, est certaine Elle ne s'étaie au surplus
d'aucun argument de droit un peu sérieux.

163. L'on soumet donc le propriétaire à la preuve préalable
que l'incendie n'a point pris dans son appartement. Mais cette
preuve une fois administrée, quelle sera l'étendue de la responsabilité qui pèsera sur le preneur? S'il est seul occupant
avec le propriétaire, devra-t-il des dommages-intérêts simplement représentatifs de la portion d'immeuble qu'il détient,
ou bien sera-t-il tenu de payer la valeur entière de l'immeuble incendié? Et, s'il y a plusieurs locataires, supporteront-ils
l'entier dommage causé à l'immeuble par l'incendie, ou bien
de ce dommage faudra-t-il déduire la part afférente à l'appartement occupé par le propriétaire ?

La doctrine est divisée sur cette question. Pour les uns (²),
les locataires ne sont responsables que des lieux par eux loués,
mais ils ne le sont pas pour les lieux habités par le propriétaire.

C'est l'application logique des règles du contrat. Le locataire
en effet, ou les locataires, s'il y en a plusieurs, ne sont tenus

(¹) Troplong, *Louage*, II, n. 380.
(²) Aubry et Rau, IV, p. 486, note 26, § 367; Marcadé, VI, p. 470 s.,
n. 6, de l'art. 1733.

de plein droit et sans preuve de faute qu'en cette qualité de locataires et pour ce dont ils sont locataires. Or, ils n'ont pas cette qualité pour la partie que le propriétaire habite, et celui-ci dès lors ne pourrait se faire indemniser de cette partie qu'en prouvant lui-même la faute, conformément à l'art. 1382.

Cette opinion, qui avait inspiré quelques arrêts de cours d'appel (¹), était repoussée par Troplong et Duvergier et aussi par la cour de cassation (²). On admettait généralement que le propriétaire pouvait demander à ses locataires la réparation intégrale de tous les dommages causés à son immeuble. A l'appui de cette thèse, l'on disait, tout d'abord, que l'art. 1733 porte que le locataire répond *de l'incendie*, c'est-à-dire de toutes les conséquences de ce sinistre.

L'obligation des locataires serait, en outre, indivisible. La raison en est que la maison est un tout qui n'existe pas, s'il n'est entier, et qui ne se restitue pas, s'il n'est pas restitué en entier. L'on argumentait enfin de l'art. 1734 C. civ. qui obligeait un locataire à endosser la part d'un colocataire plus heureux qui avait réussi à s'exonérer. Les situations ayant entre elles une analogie sensible, l'on assimilait, à ce point de vue spécial, l'appartement du propriétaire à celui d'un locataire.

Quoi qu'il en soit de ces arguments, cette thèse, sanctionnée par la cour suprême, pouvait être considérée comme ayant prévalu sous le régime antérieur à la loi de 1883.

164. L'étude que nous poursuivons des effets que pouvait avoir la cohabitation du propriétaire sur la responsabilité du locataire présentant surtout un intérêt historique, nous croyons devoir enregistrer deux opinions dissidentes et originales qui

---

(¹) Rennes, 17 août 1841, D. *Rép.*, vᵒ *Louage*, n. 404 ; Montpellier, 4 fév. 1874, S., 76. 1. 345.

(²) Duvergier, 1, p. 427, n. 425 ; Troplong, *Louage*, n. 380. — Cass. 15 mars 1876, *J. des Ass.*, XXVIII, p. 81, année 1877.

s'étaient produites sous l'empire du texte primitif de notre code.

165. Dans une note parue dans le *Recueil* de Sirey sous un arrêt de cassation (1876. 1. 345), M. Labbé propose de considérer le propriétaire habitant comme un colocataire. Cette thèse que nous trouvons en germe dans un arrêt de la cour de Lyon (¹), aurait pour résultat, quand il est impossible de savoir où le feu a pris naissance, de faire supporter au propriétaire une quote-part des dommages. En effet, le bailleur serait dans la situation du créancier d'une obligation solidaire dans la personne duquel il s'opère une confusion de la dette pour partie. Le propriétaire étant créancier de l'indemnité et codébiteur solidaire ne peut réclamer à ses codébiteurs le montant de la créance que déduction faite de sa part.

Cette argumentation n'est pas solide. Elle ne tient aucun compte de la différence essentielle qui existe entre le propriétaire et les locataires. Il est irrationnel de considérer le propriétaire comme débiteur solidaire de sa propre chose, et l'on ne peut davantage concevoir que les qualités de propriétaire et de locataire existent sur une même tête et pour un même objet. Cette théorie ingénieuse ne nous paraît pas pouvoir être admise dans le silence des textes.

166. Nous examinerons, comme transition à l'étude de cette délicate question sous la loi nouvelle, les conclusions données par M. Laurent. L'éminent auteur, limitant la discussion, pose en principe que le propriétaire qui habite la maison n'a pas d'action contre les locataires, s'ils prouvent qu'ils ne sont pas en faute. La difficulté ne se présentera que s'il est incertain chez qui, du propriétaire ou des locataires, l'incendie a éclaté. Un premier point est alors acquis : la solidarité de l'art. 1734

(¹) Lyon, 17 janv. 1834, D. *Rép.*, vᵒ *Louage*, n. 383.

DE L.   8 cesse d'exister. Cette solidarité est, en effet, exceptionnelle, et, à ce titre, elle ne peut être étendue à des hypothèses non prévues.

Maintenant, le propriétaire n'est point tenu, ainsi que l'exige l'opinion commune, de faire la preuve, avant d'agir, que l'incendie n'a pu prendre dans son appartement. L'art. 1734 doit être écarté, parce qu'il est exceptionnel, et il faut appliquer les principes généraux qui régissent les obligations du débiteur d'un corps certain. Or, tout locataire d'une partie de la chose ou de toute la chose est débiteur d'un corps certain ; s'il ne restitue pas la chose qu'il a louée, il doit prouver le cas fortuit qui l'a détruite ; à défaut de cette preuve, il est responsable de la perte. La présence du propriétaire dans l'immeuble loué ne saurait en rien modifier les obligations du preneur. S'il est unique, le preneur ne répond que de la partie qu'il a charge de conserver et de rendre ; s'il y a plusieurs locataires, chacun d'eux répond de la partie qu'il a louée et doit restituer.

Dans cette controverse aujourd'hui sans intérêt, nous aurions accordé nos préférences à l'opinion de M. Laurent, qui nous paraît être seule conforme aux vrais principes.

B. *Régime de la loi de 1883.*

167. Nous nous sommes efforcé de démontrer, par l'examen de ses travaux préparatoires, que la loi de 1883, sans toucher matériellement à l'art. 1733, avait fixé son interprétation. Ce texte doit être considéré comme l'application pure et simple, au louage, du principe contenu en l'art. 1302. Toute controverse devrait cesser sur ce point.

Nous savons aussi que le but de la réforme de 1883 a été de réconcilier l'art. 1734 avec les principes généraux, en substituant la responsabilité divise et proportionnelle des colocataires à leur ancienne responsabilité solidaire. Telles sont les idées maîtresses de cette innovation, que nous avons déjà relevées dans de nombreux cas.

168. Nous devons maintenant rechercher l'influence de la loi nouvelle sur la responsabilité des locataires au cas d'habitation du propriétaire dans l'immeuble. Les art. 1733 et 1734 paraissent étrangers à cette hypothèse, ils sont muets. Est-ce à dire que la responsabilité des locataires ne se trouve point modifiée par la présence du propriétaire, à côté d'eux, dans l'immeuble loué ? Faudra-t-il appliquer les solutions qui, antérieurement, avaient prévalu en jurisprudence, en se fondant sur ce que le texte n'a point été modifié *in parte quâ* ? Les travaux préparatoires vont, encore une fois, nous fournir d'utiles indications à cet égard.

169. Sur ce point spécial de la cohabitation du propriétaire, M. le député Durand s'exprimait ainsi dans son rapport sur le projet de loi. « Le législateur de 1804 n'a pas réglé le cas, assez » fréquent cependant, où le propriétaire habite lui-même la » maison dans laquelle le feu a pris. N'y a-t-il pas là une lacune » qu'il conviendrait de combler ? La question a été posée de- » vant la commission qui l'a résolue négativement. Sur ce point » comme sur beaucoup d'autres, la doctrine et la jurisprudence » ont fait leur œuvre. S'il est utile et nécessaire de réformer » une loi imparfaite, il ne l'est pas au même degré, et il peut » même être dangereux, d'introduire dans le domaine législatif » des solutions qui s'induisent soit des principes généraux, » soit des textes déjà existants et qui, d'ailleurs, paraissent » généralement acceptées. Ajoutez qu'il y a d'autant plus de » raison de s'en tenir à la modification demandée par les au- » teurs de la proposition, que les décisions qui ont prévalu, » lorsque le propriétaire est lui-même habitant de la maison, » cadreront sans peine avec le principe de la responsabilité

» limitée à la part et portion de chacun des locataires » (¹).

Dans le projet primitivement porté devant la Chambre des députés et voté par elle, la réforme avait uniquement pour objet la substitution de la responsabilité divise et proportionnelle à la responsabilité solidaire. Les locataires, qui n'avaient pu parvenir à s'exonérer, n'en supportaient pas moins l'intégralité du dommage causé à l'immeuble.

Il est donc logique, et l'on restreint ainsi le champ de la loi de 1883, d'adopter les règles qui dominaient alors dans la jurisprudence et même dans la doctrine.

Dans le système primitif de la Chambre, le propriétaire cohabitant n'aurait donc pu actionner ses colocataires avant d'avoir fait la preuve que le feu n'avait point commencé dans la partie de l'immeuble qu'il occupait. Mais cette preuve administrée, il aurait eu le droit non plus de diriger contre ses locataires une action solidaire, mais de répartir proportionnellement entre eux le dommage entier causé à l'immeuble. C'était, en un mot, et sauf cette restriction dans l'étendue de la responsabilité des locataires, le maintien du *statu quo*.

170. Le Sénat rectifia l'erreur de la Chambre en épuisant toutes les conséquences du principe contractuel assigné comme base à la responsabilité d'incendie. Chaque locataire n'est tenu qu'à raison de la chose qu'il doit, et, sauf le cas de faute prouvée, il ne saurait supporter la charge des exonérations de ses colocataires. Aussi bien la part de maison occupée par le propriétaire est-elle assimilée à la part qu'occuperait un autre locataire. Cette idée se trouve formellement énoncée dans le texte remanié de l'art. 1734 C. civ., voté en première lecture par le Sénat :

« Si une maison est habitée par plusieurs locataires, tous

(¹) Rapport Durand, J. Off. Annexe au procès-verbal de la séance du 19 novembre 1881.

» sont responsables de l'incendie, *ainsi que le bailleur*, si celui-ci
» y habite également, et chacun en proportion de la valeur de
» la partie qu'il occupe (¹) etc. ». Il est vrai que dans la rédaction
définitive, il n'est plus question du bailleur. Mais cette suppression est sans influence aucune sur la disposition en elle-
même qui est maintenue dans sa première signification. La
suppression des mots relatifs au bailleur n'a été faite que par
ce sentiment de respect quasi-superstitieux que nos législa-
teurs professent pour les termes mêmes du code civil.

C'est le rapporteur lui-même qui donne cette explication, et
détruit à l'avance l'argument que l'on aurait pu tirer de cette
modification : « Nous n'avons pas eu, disait M. Batbie, dans
» la deuxième délibération de loi au Sénat, en faisant ce chan-
» gement, la pensée de modifier le sens de la première délibé-
» ration. Nous avons voulu seulement reproduire autant que
» possible le code civil et n'y introduire que les mots néces-
» saires pour exprimer l'innovation qui nous a paru juste. Ainsi
» nous n'avons pas maintenu ce qui était relatif au cas où le
» propriétaire habite la maison louée. Cette mention nous a
» paru inutile puisque chaque locataire n'est tenu que d'une
» part d'indemnité proportionnelle à la valeur locative de la
» portion qu'il occupe. Il était superflu, conclut M. Batbie,
» d'ajouter que le propriétaire n'aurait pas de recours pour la
» portion qu'il habite » (²).

La loi revint devant la Chambre des députés à raison des
amendements qu'elle avait subis, et la chambre, pour ne point
perdre le bénéfice d'une réforme désirée, se rallia, sans enthou-
siasme mais complètement, au système du Sénat. « Il nous a
» paru, dit M. Durand, que la réforme dont nous avons pris

(¹) Premier rapport de M. Batbie, *Journal Officiel* du 25 mai 1882,
p. 245.
(²) *Journal Officiel*, 23 juillet 1882, p. 867.

» l'initiative, avait trop d'importance pour que le sort pût en
» être compromis par une divergence de vues sur un point par-
» ticulier » (¹).

Ne semble-t-il pas, en présence de ce commentaire lumineux
que nous offrent les travaux préparatoires, qu'il n'y ait plus de
place pour la controverse ? L'on a voulu déraciner la présomption
de faute délictuelle et abolir la solidarité entre les locataires
responsables. C'est bien le double but que l'on a poursuivi, et
néanmoins, nous allons voir combien peu, en pratique, il a été
atteint.

171. En effet, malgré la dissidence de quelques tribunaux
et cours d'appel (²), la jurisprudence décide que la loi de 1883
n'a pas d'autre portée que la substitution de l'obligation divise
et proportionnelle à l'ancienne obligation solidaire. La responsabilité du locataire continuerait à être, dans ce système, une
responsabilité anormale, *fondée à la fois sur une présomption
de faute aquilienne et le danger des incendies.* Elle n'aurait, du
reste, pu prendre fin que par l'abrogation des articles de loi
qui l'ont établie.

Or, raisonne-t-on, toutes les modifications de la loi de 1883
portent exclusivement sur le § 1 de l'art. 1734. Les locataires,
qui ne peuvent se décharger de la présomption de faute qui
pèse sur eux, doivent donc indemniser le bailleur de la totalité
du dommage, à quelque partie de l'immeuble que l'incendie se
soit étendu. Telle est la théorie admise par la cour de cassation (³).

Objecte-t-on que cette opinion est contrariée par les travaux
préparatoires qui ont donné des articles 1733 et 1734 une
interprétation diamétralement opposée ? La Cour suprême

(¹) *Journal Officiel* du 25 novembre 1882, p. 2416.
(²⁻³) Trib. Bourges, 17 mars 1887. — Cour Bourges, 30 nov. 1889, rapporté sous Cass. civ., 4 juin 1889, D., 90. 1. 351.

répond aussitôt par cet argument d'une valeur très contestable, que l'on ne peut s'inspirer des discussions d'une loi qu'autant que le vote d'un texte conforme est venu fixer l'idée émise. Cette interprétation s'attache à la lettre de la loi en négligeant son esprit et donne un regain de vie à la vieille maxime empirique : *Incendia plerumque...*, et à toutes ses conséquences.

Quoi qu'il en soit, la jurisprudence applique, au cas d'habitation du propriétaire dans l'immeuble loué, les mêmes solutions qu'avant la loi nouvelle, sauf évidemment en ce qui concerne la solidarité. L'action du propriétaire est donc subordonnée à la preuve préalable qu'il doit faire que l'incendie n'a point éclaté dans la partie d'immeuble qu'il occupe. Mais cette preuve administrée, le bailleur recouvre les droits que lui confèrent les art. 1733 et 1734, et il peut réclamer aux locataires qui n'ont pu se justifier, l'intégralité du dommage d'incendie. C'est, en effet, le propre de la faute aquilienne d'obliger celui qui en est tenu à supporter toutes les suites du fait dommageable. Il est juste de reconnaître que les décisions de la jurisprudence sur notre question découlent logiquement du principe délictuel qu'elle assigne comme base à la responsabilité du locataire. Le principe, à notre sens, étant erroné, vicie toutes les conséquences que l'on peut en déduire.

172. Dans l'opinion de la doctrine (¹), que nous croyons devoir adopter, la loi de 1883 a eu pour but d'affirmer, dans tous les cas, le caractère contractuel de la responsabilité du locataire au cas d'incendie. La suppression de la solidarité, loin d'être l'objet de la réforme, n'est que la conséquence du principe nouveau. Le bail est donc à la fois la cause et la mesure de la responsabilité du preneur.

Mais alors, la présence du propriétaire dans l'immeuble ne

(¹) Guillouard, I, n. 273; Baudry-Lacantinerie et Wahl, *Louage*, I, n. 770 s.

saurait avoir une influence sur la responsabilité qui incombe
au locataire pour la partie d'immeuble qu'il occupe. D'emblée
le preneur sera tenu de l'incendie, s'il ne réussit à établir que
la perte de l'immeuble a eu lieu sans sa faute. C'est le droit
commun. Il n'est pas nécessaire que le propriétaire, avant
d'agir, prouve que le feu n'a pu prendre dans son appartement,
puisque nous écartons la présomption de faute délictuelle. Le
recours du propriétaire sera donc d'un exercice facile, mais, en
revanche, il sera borné dans son étendue. En effet, dans tous
les cas et à moins de faute aquilienne prouvée, le preneur ou
les locataires ne seront responsables que proportionnellement
à la partie de maison qu'ils occuperont. Ils devront des dommages-intérêts équivalents à l'objet que le contrat leur avait
confié. La part de responsabilité afférente aux locataires qui se
seront justifiés sera supportée par le propriétaire. D'un autre
côté, le propriétaire ne pourra se faire indemniser de la perte
éprouvée dans la partie d'immeuble qu'il occupe que dans les
termes du droit commun, c'est-à-dire en prouvant la faute d'un
locataire déterminé. Pour cette partie d'immeuble, il doit, en
effet, être considéré comme un locataire, c'est-à-dire comme un
tiers. Telles sont les conséquences logiques de la responsabilité
contractuelle du locataire.

APPENDICE

173. La loi de 1883 a apporté de graves modifications aux rapports existant entre les propriétaires et les locataires. Le caractère vrai de la responsabilité du preneur en cas d'incendie a été affirmé et reconnu, et la répartition du dommage entre les divers locataires doit se faire désormais sur des bases nouvelles. Or, l'usage du bail étant fort répandu, la question de savoir si la loi nouvelle s'appliquerait aux conventions antérieures à sa promulgation, a présenté un intérêt pratique considérable.

174. La loi de 1883 a-t-elle ou non effet rétroactif ? Le texte est muet sur ce point, et, dans son silence, il y a lieu de se référer aux principes généraux écrits dans l'art. 2 du code civil qui est ainsi conçu : *La loi n'a point d'effet rétroactif.*

Cette disposition souffre une double exception : d'abord, en premier lieu, lorsque le législateur y déroge expressément, et, en deuxième lieu, lorsque la loi promulguée a un caractère d'ordre public.

175. Il est certain que toute loi nouvelle a pour effet de contrarier et de détruire des espérances que l'on avait pu concevoir sous la législation qu'elle remplace. Ainsi, une loi qui viendrait à décider que désormais l'on ne succèdera, en ligne collatérale, que jusqu'au 6ᵉ degré, porterait atteinte aux espérances des successibles d'un degré plus éloigné. Il ne s'ensuit pas que ces espérances fassent échec à l'application de la loi nouvelle. Il y a là, en effet, non point un droit acquis, mais une expectative de droit. Ce que la loi veut faire respecter, c'est le droit né et acquis. Or, il y a droit acquis aux effets d'un contrat dès que ce contrat est devenu parfait, et, par suite, la loi qui est alors en vigueur doit en régler toutes les conséquences malgré de nouvelles dispositions législatives.

Aussi bien semble-t-il que l'on ne puisse discuter sérieusement sur la non-rétroactivité de la loi de 1883.

Il y a eu cependant des divergences, des hésitations, qui nous obligent à examiner les divers systèmes qui se sont produits en faveur de la rétroactivité.

176. Certains, confondant les motifs de la loi avec son caractère, disent que les dispositions nouvelles ont été édictées en vue de corriger les imperfections et les vices de l'art. 1734 ancien. Le but du législateur a été de supprimer la règle profondément injuste portée par ce texte, et c'est aller contre son intention manifeste que de faire sur ce point produire effet aux contrats antérieurs à 1883.

Cet argument est d'ordre trop général pour avoir quelque poids. Il peut se produire à l'occasion de toutes les lois nouvelles indistinctement qui, en principe du moins, tendent à un idéal meilleur de justice et d'équité.

177. Dans un deuxième système, l'on se basait sur ce principe indiscutable que les lois d'ordre public rétroagissent et l'on soutenait que la loi de 1883, ayant un caractère d'ordre public, devait avoir un effet rétroactif. Mais quelque définition que l'on donne de l'ordre public, cette définition ne saurait s'étendre ni à l'ancien ni au nouvel art. 1734. Et pour nous qui nous rangeons à l'avis de ceux qui pensent que le caractère d'ordre public doit être réservé aux lois qui disposent sur des droits qui n'appartiennent qu'au souverain, comme les lois constitutionnelles et politiques, la question ne soulève aucune difficulté. Ces lois rétroagissent, en effet, non point parce que l'intérêt public prime le droit des individus, mais parce que, dans les matières qui font l'objet de ces lois, les individus ne peuvent pas invoquer de droits proprement dits, mais simplement des intérêts particuliers qui se trouvent en lutte avec l'intérêt général. Lorsqu'il s'agit de lois purement civiles, elles ne doivent jamais être appliquées rétroactivement, c'est-à-dire de manière à léser des droits acquis. Car s'il est vrai qu'il ne peut y avoir de droit acquis à l'encontre de l'ordre public, à notre sentiment, les lois civiles n'ont jamais ce caractère et par suite elles ne doivent pas rétroagir, à moins que le législateur n'y ait expressément dérogé. En admettant même que l'on doive considérer comme ayant le caractère d'ordre public les dispositions du code civil qui s'imposent obligatoirement aux particuliers et ne permettent pas qu'on les élude, il est manifeste que l'ancien art. 1734 n'avait point ce caractère, et qu'à ce titre la loi de 1883, qui l'a remplacé, ne saurait avoir un effet rétroactif. La disposition de ce texte était interprétative de la volonté des parties contractantes. Elle s'offrait simplement à elles, mais il leur était facultatif d'écarter la responsabilité solidaire, comme il leur serait loisible actuellement de l'insérer dans leurs conventions. C'est donc vainement que l'on chercherait dans le caractère prétendu d'ordre public de la loi de 1883 un argument en faveur de la rétroactivité.

178. Aussi bien a-t-on développé, en faveur de cette thèse, des arguments spéciaux et parfois séduisants. M. Batbie (²), dans un article de la *Revue critique*, se déclare partisan de la rétroactivité et fonde son opinion sur ce que la solidarité de l'art. 1734 était légale et non contractuelle. La solidarité, dit il,

---

(¹) Req., 28 janv. 1868, D., 68. 1. 483.
(²) Batbie, *Revue critique de législation*, 1884, p. 738.

qu'établissait l'ancien art. 1734, obligeait pour le tout des débiteurs qui pouvaient n'avoir entre eux aucun rapport. Elle n'était donc nullement contractuelle entre les locataires, et l'art. 1734 a toujours été cité par les interprètes comme un exemple de solidarité légale. La loi ayant été modifiée, la solidarité qui est une suite de la loi doit suivre les mêmes changements.

Ce raisonnement repose sur une pure subtilité.

Il est bien vrai que les locataires n'ont point expressément stipulé la solidarité envers le propriétaire, et c'est ce qui fait dire à M. Batbie que cette solidarité est légale et non contractuelle. Mais cette solidarité n'en fait pas moins partie du contrat de bail et, en ne la repoussant pas, les locataires s'y sont soumis et l'ont ainsi acceptée. Le contrat devenu parfait la contient et l'établit au profit du propriétaire, elle devient pour lui un droit définitivement acquis qu'une loi nouvelle ne peut atteindre.

179. Un jugement du tribunal civil de Lyon, du 9 janvier 1884 ([1]), a mis en relief un deuxième argument en faveur de la rétroactivité. Si, y lisons-nous, l'obligation éventuelle d'indemniser le propriétaire à raison d'un incendie survenu dans son immeuble, au cas de responsabilité de ses locataires, résulte implicitement du contrat de bail, cette obligation ne prend naissance que du jour où, un incendie s'étant déclaré, il y a lieu d'appliquer à l'exécution de cette obligation les principes de la législation alors existante. Sans doute, à partir de l'existence du contrat de bail jusqu'au jour de la promulgation de la loi nouvelle, le propriétaire a pu avoir l'*espérance* que la loi ne serait pas changée, mais cette *simple espérance* ne constituait pas pour lui un droit acquis à réclamer le bénéfice de cette ancienne loi.

([1]) D., 84. 3. 104.

Cette théorie est manifestement erronée. La responsabilité du locataire au cas d'incendie dérive des obligations créées par le contrat de louage. Or, les effets que produisent les contrats s'incorporent à eux. Ils sont régis par la loi qui était en vigueur au moment où le contrat est devenu parfait. Peu importe que ces effets soient immédiats ou directs, ou seulement éventuels, qu'ils découlent de clauses expresses ou de dispositions légales. Le propriétaire a un droit acquis, dès la conclusion du contrat, à ce que le locataire apporte à la chose louée les soins d'un bon père de famille et par suite à la responsabilité du locataire au cas d'incendie, laquelle dérive elle-même de cette dernière obligation.

L'on ne pourrait échapper à cette conséquence que si la responsabilité du locataire n'avait pas sa cause dans le contrat de bail, mais découlait, par exemple, du fait seul de l'incendie. Mais nous savons que l'incendie en soi ne produit ni action ni obligation (¹).

180. Nous avons supposé, dans les explications que nous venons de donner, que le propriétaire se trouvait en présence de colocataires, tous bénéficiaires de baux antérieurs à la loi de 1883. Mais que décider si, parmi les locataires, les uns possèdent des baux antérieurs à cette loi, les autres des baux postérieurs? Il est bien évident d'abord que les locataires dont les baux sont postérieurs à la loi de 1883, ne seront point soumis à

(¹) En faveur de la *rétroactivité* : Trib. Lyon, 9 janv. 1884, précité; Trib. Bordeaux, 7 mai 1884, *Journal des assurances*, 1884, p. 387. — Doctrine : Batbie, *Revue critique*, 1884, p. 737 s. ; Cauvin, *Revue périodique des assurances*, 1884, p. 59.

Non rétroactivité : Trib. Villefranche, 19 juillet 1883, *Lois nouvelles*, 1886, 3ᵉ partie, p. 104. — Nîmes, 15 mars 1884, S., 85. 2. 1. — Bordeaux, 31 décembre 1884, *Gaz. Pal.*, 85. 1. 584. — Req. Cass., 26 avril 1892, D., 92. 1. 548. — Doctrine : Richard et Maucorps, n. 565 s. ; de Lalande et Couturier, n. 685; Labbé, *Note*, S., 85. 2. 1.

la solidarité, à moins que le propriétaire n'en ait fait la stipulation expresse. Mais les locataires, nantis de baux antérieurs, resteront-ils tenus de la réparation intégrale du dommage d'incendie, ou bien leur responsabilité sera-t-elle diminuée de la part des locataires nouveaux non soumis à la solidarité?

181. Il n'est pas douteux, disent MM. Richard et Maucorps (¹), que les locataires dont les baux ont une date antérieure à la promulgation de la nouvelle loi seront tenus solidairement de la réparation du dommage d'incendie ; les nouveaux locataires ne seront au contraire responsables que proportionnellement à la valeur locative des locaux qu'ils occupent. Et ils ajoutent que le locataire, qui aura payé le tout, sur les poursuites du propriétaire, pourra exercer un recours contre ses colocataires, sous déduction de la part à la charge de ceux qui ne sont pas tenus solidairement.

Il y a contradiction évidente à donner au propriétaire une action solidaire contre un locataire et à n'accorder à celui-ci qu'une action restreinte contre les autres locataires.

182. A notre avis, lorsqu'il y a concours de locataires nantis de baux antérieurs et postérieurs à la nouvelle loi, il faut combiner le principe de non rétroactivité avec les règles ordinaires de la solidarité. Or, ne peut-on pas dire qu'en acceptant un nouveau locataire sans rien stipuler au sujet de la solidarité, le propriétaire est censé renoncer à la solidarité à l'égard de ce débiteur et ne conserve son action solidaire contre les autres locataires que sous déduction de la part de celui qu'il a déchargé de la solidarité? Cette solution nous paraît ressortir des art. 1210 et 1211 C. civ. Un moyen s'offre au propriétaire pour conserver le bénéfice entier de la solidarité. Il peut astreindre son nouveau locataire à la solidarité de l'ancien art. 1734,

(¹) *Traité de la responsabilité civile en matière d'incendie*, n. 568 s.

marquant ainsi sa volonté de réserver tous ses droits contre les autres locataires. En résumé, donc, la loi de 1883 n'a pas d'effet rétroactif. Mais le jeu des principes de la solidarité a rendu le nouvel art. 1734 partiellement applicable dès que, postérieurement à cette loi, un nouveau locataire est venu habiter un immeuble occupé par d'autres locataires soumis au régime du code.

183. Nous ne saurions nous dissimuler que dans l'esprit des auteurs de la réforme de 1883, la loi nouvelle devait avoir effet rétroactif. Chacun s'était élevé contre la disposition injuste et illogique de l'ancien art. 1734 qu'il fallait au plus tôt rayer du code. Mais l'interprète n'est point juge des intentions non exprimées et, à défaut de mesures transitoires, il doit se référer au droit commun qui est consigné dans l'art. 2 C. civ.

184. Nous ferons cependant une exception, dans la loi de 1883, au principe de non rétroactivité. Malgré l'opinion divergente de la jurisprudence, nous n'en continuons pas moins à assigner à cette loi un double effet : 1° suppression de la solidarité au cas de pluralité de locataires ; 2° *interprétation implicite de l'art. 1733.*

A notre sentiment, la responsabilité du locataire dérive uniquement du contrat. La présomption de faute délictuelle est écartée, et la loi, étant sur ce point interprétative, doit avoir effet rétroactif. Elle s'applique aux contrats en cours à sa promulgation. Les dommages-intérêts du locataire ne devront donc pas dépasser la valeur de l'objet du contrat. Nous aurions déjà formulé cette conséquence sous l'empire du code civil. Elle s'impose maintenant à ceux qui s'inspirant de la présomption de faute aquilienne, étendaient la responsabilité du preneur à toutes les suites du sinistre.

TROISIÈME PARTIE

CHAPITRE PREMIER

L'ASSURANCE DU RISQUE LOCATIF

SECTION PREMIÈRE

GÉNÉRALITÉS. APPLICATION DE L'ASSURANCE A LA RESPONSABILITÉ
DU LOCATAIRE

185. Il ne nous appartient pas de nous occuper de l'assurance au point de vue économique. Elle est, sous la forme anonyme ou mutuelle, l'expression du principe de solidarité sociale. Nous n'envisagerons même que cette convention spéciale d'assurance qui, s'adaptant à la responsabilité du locataire envers le propriétaire, prend le nom d'assurance du risque locatif.

Le contrat d'assurance terrestre n'a paru que postérieurement au code civil. Il n'est régi par aucune loi positive, mais les compagnies d'assurances les plus importantes, réunies en syndicats, y ont suppléé en adoptant des polices à peu près identiques qui ont subi l'épreuve de la jurisprudence. Quelque confus et épars que soient les éléments d'une législation ainsi constituée, il est cependant possible d'en fixer les principes directeurs.

186. Dans le contrat d'assurance contre l'incendie, l'assureur — le plus ordinairement une compagnie — s'engage, moyennant une somme fixe ou variable [prime ou cotisation], à couvrir l'assuré des pertes d'incendie. C'est un contrat d'indemnité et, à ce titre, il ne s'étend qu'aux pertes matérielles qui sont la conséquence directe de l'incendie. Le dommage d'incendie comprend : 1° la valeur vénale des objets incendiés ; 2° les dégâts et frais de sauvetage.

« Les bâtiments, y compris les caves et fondations, mais » abstraction faite de la valeur du sol, et les objets mobiliers » sont estimés d'après leur valeur vénale au jour du sinistre » (art. 27, *Police des Assurances générales*).

Il ne faudrait point cependant limiter la responsabilité de l'assureur aux seuls objets atteints directement par le feu. Il est juste de l'étendre aux constructions et objets avariés ou détruits par des mesures prescrites par l'autorité. Les compagnies, au reste, n'ont pas osé établir une différence qui eût été plus que subtile entre le cas où l'immeuble assuré est consumé par le feu et celui où il est démoli pour empêcher la communication et l'extension de l'incendie. Une semblable clause eût été contraire à l'ordre public.

En outre de ces dégâts qui proviennent immédiatement du sinistre, les compagnies couvrent aussi les frais de sauvetage. L'on appelle *sauvetage* tout ce qui, dans l'immeuble incendié, a pu être soustrait à l'action du feu, et, par suite, les frais de sauvetage seront les frais que l'on aura faits pour conserver ces objets. Il est de l'intérêt bien compris de l'assureur de récompenser les efforts que l'assuré aura mis à enlever et à préserver les objets menacés par l'incendie pour augmenter le sauvetage et diminuer par suite l'indemnité qu'il aura à payer.

Mais là s'arrête la responsabilité de l'assureur qui, en aucun cas, ne prend à sa charge le gain manqué par la privation de la jouissance et des loyers de l'immeuble incendié. Les compagnies apportent ces restrictions à leur responsabilité, afin de rendre plus rares les incendies de spéculation qui risqueraient de se multiplier si, aux pertes matérielles, d'un contrôle facile, l'assuré pouvait ajouter d'autres éléments d'indemnité forcément arbitraires.

Nous avons déterminé l'étendue des réparations qu'un propriétaire peut, en cas de sinistre, réclamer à son assureur, sauf limitation de la somme assurée et application de la règle proportionnelle.

187. Nous venons ainsi de préciser les caractères généraux du contrat d'assurance. Mais ces règles varient avec les risques. L'assurance, en effet, pénètre chaque jour davantage dans la vie pratique, et elle s'adresse à tous les aléas, ou risques, dont la statistique permet de connaître la fréquence et la périodicité. Or, l'un des aléas qui intéressent le plus grand nombre est assurément l'aléa du risque locatif. Il fait l'objet d'un contrat d'assurance spécial, dit du « risque locatif. »

Nous savons que le recours du propriétaire, fondé sur les art. 1733 et 1734 C. civ. comprend la valeur vénale des constructions et l'indemnité de chômage (1). Mais, d'autre part, il est de principe que l'assurance ne couvre, à moins de conventions contraires (2), que les pertes et dégâts matériels, ce qui établit une différence entre la notion du recours locatif et celle de l'assurance.

Il ne faut pas exagérer la portée de cette règle. Le risque locatif couvert par l'assurance est adéquat au recours du propriétaire, à moins de stipulation contraire de la police. Et cela s'explique, car ce n'est point de l'assurance d'un immeuble

---

(1) On appelle chômage, en notre matière, la privation de loyers correspondants à tout le temps nécessaire à la reconstruction de l'immeuble incendié. C'est le *lucrum cessans*.

(2) Il existe une assurance spéciale, peu répandue, qui porte le nom d'assurance contre le chômage.

qu'il s'agit, mais d'une assurance de responsabilité. Il est vrai de dire que trop souvent les compagnies limitent leur responsabilité et stipulent que l'indemnité sera réglée dans ce cas comme pour l'assurance de la propriété. Le locataire, déjà bien maltraité par la loi, ne trouve dans l'assurance qu'un remède insuffisant, puisque, malgré toutes ses précautions, il ne pourra entièrement couvrir son risque. Ce n'est point le seul grief que nous aurons à enregistrer contre cette sorte d'assurance dont nous allons maintenant étudier le mécanisme.

188 Pour exister, est-il besoin de le dire, l'assurance du risque locatif doit être prévue par une clause de la police ; elle donne même lieu à la perception d'une prime spéciale.

Nous avons signalé le caractère qui distingue cette assurance de l'assurance du propriétaire et la tendance de certaines compagnies à faire l'unité en cette matière en stipulant que, dans aucun cas, l'assurance du risque locatif ne pourra avoir plus d'effet que celle de l'immeuble.

Cette absence de garantie qui menace les plus vigilants, n'est point le seul vice que contienne le contrat d'assurance du risque locatif. Les pièges abondent, mais ils sont si habilement dissimulés qu'ils passent inaperçus à la grande masse des assurés.

Il va sans dire, en effet, que l'on ne peut fixer à l'avance, d'une manière exacte, le montant du recours locatif. Ne serait-il pas naturel alors que la compagnie prît à sa charge cet aléa et s'engageât, pour ainsi dire à forfait, à couvrir intégralement la responsabilité du locataire ? L'assurance aurait ainsi un réel caractère d'indemnité qu'elle présente aujourd'hui bien rarement.

Voici d'ailleurs la clause de style qui, dans les polices des compagnies, règle l'assurance du risque locatif :

« L'assurance du recours locatif, quand les bâtiments sont

» occupés par un seul locataire, est basée sur la valeur totale
» des bâtiments, déduction faite de la valeur du sol, et l'in-
» demnité d'incendie, dans ce cas, est réglée comme pour
» l'assurance de la propriété.

» Quand les bâtiments sont occupés par plusieurs locataires,
» l'assurance du recours locatif a pour base le chiffre du loyer.
» Si le locataire, dans ce cas, a fait assurer une somme égale
» à quinze fois au moins le montant annuel de son loyer, la
» compagnie répond à sa place des dommages jusqu'à concur-
» rence de la somme assurée. S'il n'a fait assurer qu'une
» somme moindre, la compagnie ne répond du dommage que
» dans la proportion existant entre la somme assurée et le
» montant de quinze années de loyer, et l'assuré reste son
» propre assureur pour l'excédent. »

189. Cette clause prévoit deux hypothèses qu'il faut examiner successivement :

*1re hypothèse. — Un seul locataire habite la maison in-
cendiée.*

L'assurance du risque locatif s'inspire, en ce cas, des mêmes
principes que l'assurance du propriétaire. Le locataire devra
prendre pour base de son assurance la valeur vénale des
constructions. Il en résultera que le locataire ne sera point
complètement indemnisé, puisque le recours du propriétaire
est sensiblement plus étendu.

*2e hypothèse. — Plusieurs locataires habitent la maison
incendiée.*

Nous avons admis que la loi de 1883 avait eu pour effet de
limiter la responsabilité de chaque locataire à une part proportionnelle à la valeur locative de son appartement. Le risque
locatif a été amoindri, diminué, et cependant les compagnies
n'ont apporté aucun changement au taux des primes et à
l'évaluation des risques, sauf cependant pour l'honorable

M. Sauzet (¹). Ce n'est plus, dans ce cas, l'immeuble entier qui sert de base d'appréciation, mais le chiffre du loyer. Assure-t-on quinze fois la valeur de son loyer ? Dans ce cas, la compagnie garantit le locataire contre le dommage d'incendie, mais à concurrence seulement de la somme assurée. Au contraire, si la somme assurée n'atteint point ce taux, la compagnie « ne » répond du dommage que dans la proportion existant entre » la somme assurée et le montant de quinze années de loyer. »

190. Cette formule, dont le sens est peu accessible au gros public qui forme, en grande partie, la clientèle des compagnies d'assurances, constitue une application de ce que l'on appelle *la règle proportionnelle.*

Voici le principe de la règle proportionnelle : « S'il résulte » de l'évaluation de gré à gré ou de l'expertise que la valeur » des objets couverts par la police excédait, au moment de » l'incendie, la somme assurée, l'assuré est son propre assureur » pour l'excédent, et il supporte, en cette qualité, sa part des » dommages au centime le franc ».

L'on présume donc que l'assuré n'a pas voulu couvrir la valeur entière des objets assurés, et il est considéré comme étant resté son propre assureur pour tout ce qui excède la somme assurée. Aussi bien, au cas de destruction partielle, la perte se répartira-t-elle au *prorata* entre l'assureur et l'assuré. Cette clause qui suscite de très vives et très justes récriminations de la part de nombreux assurés qui ne la comprennent pas, est justifiée en ces termes par M. de Lalande : « Quand on assure une somme quelconque sur un ensemble » d'objets, l'assurance porte sur le tout, et non sur une partie » déterminée, sur une fraction. Si cette assurance ne couvre » pas le risque pris dans son ensemble, elle ne le couvre que

(¹) *Rev. critique,* année 1885. Sauzet : *Responsabilité des locataires envers le bailleur,* p. 166.

» proportionnellement ; il serait donc absurde de soutenir, en
» cas de sinistre partiel, que le feu a épargné la partie qui
» n'est pas garantie par la police. Or, si la partie proportion-
» nelle garantie par l'assurance n'a pas seule brûlé, il est clair
» que la compagnie ne devra pas seule supporter le dommage.
» Et qui donc alors devra prendre à sa charge une portion de
» ces pertes, si ce n'est l'assuré lui-même qui n'a pas fait cou-
» vrir les risques pour une somme suffisante ? » (¹).

La légalité de cette clause n'est déniée par aucun. Volontiers
même nous acceptons la justification que nous venons de trans-
crire, mais cette justification est applicable exclusivement au
cas qu'elle prévoit, c'est-à-dire au cas d'insuffisance de l'assurance portant sur un bâtiment partiellement détruit par l'incendie.

Cette explication ne vaudra donc qu'autant que le risque
locatif portera sur un locataire occupant seul un immeuble, car
alors l'on pourra présumer qu'en n'assurant pas la valeur de
l'immeuble entier, il a entendu demeurer son propre assureur
pour partie.

191. Mais, au contraire, il devient bien difficile de légitimer
la règle proportionnelle, lorsqu'on l'applique au locataire qui
aura simplement manqué d'assurer *15 fois* son loyer.

Cette base d'assurance est essentiellement irrationnelle. De
deux choses l'une, en effet : ou bien cette fixation arbitraire
doit être considérée comme un forfait emportant pour l'assureur obligation de payer tout le dommage, et alors celui qui
n'aura pas assuré une somme ainsi proportionnelle à son loyer,
devra être considéré comme ayant voulu demeurer son propre
assureur pour partie, ou bien, elle n'est pas un forfait — nous
ne comprenons plus son utilité — et alors, comme il est d'usage,

(¹) De Lalande, *op. cit.*, n. 484 s.

la règle proportionnelle devra recevoir son application suivant que la somme assurée sera ou non égale à la valeur de l'objet assuré au moment de l'incendie. C'est donc là une règle injuste, absurde, disons même plus, employant un mot désormais historique, c'est un *traquenard*.

192. Nos conclusions ne peuvent être favorables à l'assurance du risque locatif, telle qu'elle est pratiquée par les compagnies. Elles se résument en trois critiques principales : 1° l'assurance du risque locatif ne couvre qu'exceptionnellement le dommage entier d'incendie souffert par le locataire; 2° le locataire qui occupe avec d'autres un immeuble ne pourra se garantir que très approximativement des recours du propriétaire; 3° la règle proportionnelle vient enfin trop souvent diminuer l'indemnité d'un locataire qui n'aura à se reprocher qu'une ignorance bien excusable ou un scrupule de conscience.

193. L'organisation de l'assurance du risque locatif est défectueuse. Nous allons mieux encore en saisir les faiblesses et les injustices en examinant la subrogation que ne manquent jamais de se faire consentir les compagnies d'assurances contre les personnes garantes et responsables de l'incendie.

SECTION II

DE LA SUBROGATION EN MATIÈRE D'ASSURANCE, ET SPÉCIALEMENT DANS L'ASSURANCE DU RISQUE LOCATIF

194. L'on peut dire que l'assurance du risque locatif a eu pour conséquence non seulement de mettre en relief, mais de créer le caractère rigoureux des art. 1733 et 1734 C. civ. Il était, en effet, juridique et rationnel que le locataire fût déclaré responsable d'une chose qu'il détenait et devait surveiller. Mais l'institution nouvelle de l'assurance permettant au propriétaire, moyennant un sacrifice minime, de se garantir de l'incendie, aurait dû modifier la responsabilité du locataire. Immédiatement, semble-t-il, l'on aurait dû soumettre cette responsabilité à des règles spéciales et décider que le preneur ne serait plus tenu que de sa faute prouvée. Le mécanisme de la subrogation nous montrera, en effet, les vices de la disposition aujourd'hui surannée des art. 1733 et 1734. C'est le but que s'était proposé M. Viette, dans le projet d'abrogation de ces articles qu'il présenta en 1879.

Voici les considérations très justes qu'il faisait valoir à ce sujet :

« L'institution des compagnies d'assurances contre l'incendie » a profondément modifié la situation respective des proprié- » taires et des locataires. Notre législation n'a pas tenu compte » de ce fait nouveau ; elle n'a pas été mise au courant.

» Les compagnies d'assurances, dans leurs polices, ont soin » de se subroger aux droits du propriétaire, de sorte que, ou bien » leurs chances de pertes deviennent illusoires ou sont consi- » dérablement diminuées, ou bien elles réalisent deux primes » pour un seul et même risque.

» L'assurance contre les risques locatifs n'est autre chose » qu'un impôt onéreux, dont le paiement n'est pas même la » récompense d'un service rendu, que les particuliers prélèvent » sur les contribuables » (1).

Mais ne perdons pas de vue notre sujet : *la subrogation.*

195. La clause subrogatoire qui est devenue de style dans toutes les polices est ainsi conçue : « Par le seul fait de la pré- » sente police, et sans qu'il soit besoin d'aucune autre cession, » transport, titre ou mandat, la compagnie est subrogée dans » tous les droits, recours et actions de l'assuré contre toutes » personnes garantes ou responsables du sinistre, à quelque

(1) *J. Off.,* Annexe au procès-verbal de la séance du 18 mars 1879.

» titre et pour quelque cause que ce soit et même contre leurs
» assureurs, s'il y a lieu. L'assuré consent expressément à cette
» subrogation, et il sera tenu, s'il en est requis lors du paiement
» de l'indemnité, de la réitérer dans sa quittance ».

Cette clause contient une cession de droits éventuels, avec
promesse de subrogation par l'assuré au profit de l'assureur
dans la mesure de l'indemnité que ce dernier aura versée à
raison de l'incendie. La validité de la subrogation est admise
par tous. Elle a été sanctionnée, non sans regret, par la doctrine et la jurisprudence.

196. Est-ce à dire que la subrogation ne blesse aucunement
l'équité et ne froisse aucun principe de droit? Nous allons examiner cette question délicate sous ce double point de vue.

L'on peut affirmer, sans exagération, que presque tout le
monde est assuré contre l'incendie. Le propriétaire couvre sa
chose, le preneur son risque locatif. Le contrat d'assurance, à
raison de son extension, devrait être moral et de bonne foi. Or,
grâce à l'application de la règle proportionnelle, éminemment
injuste dans le risque locatif, et grâce surtout au jeu de la subrogation, il adviendra que le locataire ne sera pas dédommagé
ou ne le sera qu'en partie. Prenons un exemple, qui n'est point
de pure théorie, pour faire ressortir le vice de la subrogation.
Une même compagnie assure le propriétaire et le locataire. Le
locataire est illettré, et il s'en remet pour l'évaluation de son
risque à l'agent de la compagnie qui ignorera le plus souvent
les règles élémentaires du contrat d'assurance et ne pourra
protéger l'assuré contre son ignorance. Or, une opinion accréditée tant parmi les représentants des compagnies que parmi
les assurés, consiste à penser que le locataire qui paie une prime
basée sur 15 fois la valeur de son loyer, est, dans tous les cas
et quoi qu'il arrive, couvert et garanti contre tout recours du
propriétaire. Cette erreur, si commune, réserve de bien cruelles
déceptions à ceux qui la commettent.

Ainsi, dans l'espèce que nous venons de proposer, un incendie éclate. L'expertise du sinistre accuse, par exemple, pour le propriétaire, une perte de 4,000 fr. Le locataire qui se croyait couvert, parce qu'il payait une prime basée sur 15 fois la valeur de son loyer annuel qui était de 100 fr. ne se trouve garanti qu'à concurrence de 1,500 fr. D'autre part, ce même locataire avait assuré ses marchandises et son mobilier pour leur entière valeur, et l'expertise évalue la perte, de ce chef, à la somme de 2,000 fr.

La Compagnie a reçu, soit du propriétaire, soit du locataire des primes représentant ces différents risques. En payant au propriétaire sa maison et au locataire ses marchandises, l'assureur ne paierait que ce qu'il doit et se trouverait bénéficier encore des primes perçues sur le risque locatif qui font double emploi avec les primes du propriétaire. Ce résultat serait donc conforme à l'équité.

La subrogation, dans cette hypothèse, entraînera des conséquence extrêmes qui imprimeront à l'assurance un caractère d'odieuse spéculation.

Voici comment les choses vont se passer.

L'assureur paiera au propriétaire une indemnité représentative de la perte qu'il aura subie, soit 4,000 fr. Puis, en vertu d'une clause insidieusement insérée dans la police et reproduite dans la quittance du propriétaire, il prendra les lieu et place de celui-ci et exercera contre le preneur un recours locatif égal à 4,000 fr. Mais comme, d'autre part, l'assureur est débiteur envers le locataire du montant du risque locatif assuré et de ses pertes mobilières, une compensation s'établira qui, en dernière analyse, fera le locataire débiteur de 500 fr. envers la compagnie d'assurances !

Sans aboutir toujours à des résultats aussi franchement mauvais, la subrogation n'en constitue pas moins une convention

immorale. « Elle constitue une spéculation sur la réalisation
» d'un événement désastreux, sur la calamité d'un incendie.
» Elle interdit d'avance au locataire toute chance de pitié,
» toute compassion possible de la part du propriétaire et sert
» à refouler le droit le plus sacré des hommes, celui de la
» bienveillance due au malheur » (¹).

197. En équité, la subrogation ne peut donc se défendre.

Est-elle donc, en droit, assise sur des bases solides, inébran-
lables ? L'on serait tenté de le croire, si l'on se bornait à enregistrer les affirmations d'une jurisprudence univoque et
des auteurs spéciaux qui ont traité cette délicate matière.

Nous ne sommes point convaincu, pour notre part, et nous
pensons que certains principes de droit ne peuvent se plier à
de nouveaux rapports juridiques qui n'ont paru que bien après
la promulgation du Code.

198. L'on dit ordinairement que la clause des polices d'assurances qui porte subrogation s'analyse en un double contrat :
jusqu'au sinistre et même au règlement de l'indemnité, la compagnie est investie des recours éventuels de l'assuré contre les
garants et responsables. Le premier contrat constitue donc
une cession de droits éventuels et indéterminés. Mais avec le
paiement, la compagnie serait subrogée, dans la limite de ses
débours, à l'action du propriétaire contre le locataire. C'est le
deuxième contrat.

La validité de la subrogation admise, il en découlera des
conséquences importantes. C'est ainsi que, dès le sinistre, l'on
devra accorder à la compagnie le droit de pratiquer une saisie-
arrêt entre les mains de l'assureur du locataire. La saisie-arrêt,
en effet, à l'encontre des autres voies d'exécution, ne demande
point pour être formée une créance liquide, mais simplement

(¹) Colmar, 13 janvier 1832, D. *Rép.*, vº *Ass. terr.*, n. 250, note 1.

certaine. Il faut que la créance existe, et, dans ce cas, elle ne saurait être niée, puisque, par le fait de l'incendie, le locataire est réputé de plein droit responsable. Ce résultat est certain dans la théorie de la cour de cassation qui fixe la responsabilité du locataire à raison de l'incendie sur une présomption de faute aquilienne.

L'on a même décidé, en s'inspirant de la loi du 19 fév. 1889, sur la restriction du privilège du bailleur, que l'assureur du propriétaire avait une action directe contre l'assureur du locataire. Mais le moment n'est point encore venu de nous occuper de la portée de cette dernière loi.

199. Nous pensons, pour notre part, que la clause dite subrogatoire est une clause sans valeur, et nous allons en déduire les motifs.

Le contrat d'assurance est un contrat à titre onéreux et aléatoire. L'une des parties s'engage à payer une prime, l'autre, le cas échéant, une indemnité. Les compagnies, moyennant une prime, s'obligent à couvrir le propriétaire de toutes les pertes matérielles causées par l'incendie. Elles ne font, dans leurs tarifs, aucune différence de taux dans la prime du propriétaire et ne distinguent point suivant que la maison est occupée par le propriétaire lui-même ou par des locataires. Et cependant, dans le premier cas, la cession des recours est sans objet, tandis que, dans le deuxième cas, elle peut avoir un effet utile. Nous en concluons que la cession du droit éventuel est inexistante, parce que cette cession manque de cause. La cause, dans un contrat à titre onéreux, est en effet l'obligation réciproque des parties l'une envers l'autre. Ainsi donc, la cession de son recours locatif que consent le propriétaire à son assureur ne saurait valoir, parce que le taux de la prime n'est nullement modifié par cette circonstance. Cette convention spéciale qui vient se greffer sur le contrat d'assurance proprement dit est

donc inexistante, parce qu'elle manque de cause. L'avantage
que l'assuré confère à l'assureur est sans influence aucune sur
le taux de la prime. Nous pensons donc que la clause de subrogation, telle qu'elle figure dans les polices de nos compagnies
qui forment la loi de l'assurance, est radicalement nulle.

200. A notre avis, un remède pourrait être apporté à cette
nullité, mais à la condition de modifier profondément le caractère de l'assurance du bailleur. Cette assurance porte aujour-
d'hui entièrement sur des risques matériels ; c'est une assurance *réelle*. Le recours est un accessoire que la compagnie se
fait abandonner sans consentir aucun sacrifice, aucune réduction sur la prime. Il arrive ainsi que la même chose est couverte deux fois par deux primes distinctes.

Or, dans notre droit, le locataire est responsable de plein
droit de l'incendie. Une seule chose importe donc au propriétaire qui est armé d'un droit, c'est de trouver en son locataire
solvabilité suffisante pour fournir aliment à son action. L'on
concevrait ainsi une forme d'assurance aujourd'hui inusitée qui
aurait pour objet de garantir le recours du propriétaire, c'est-
à-dire de couvrir l'insolvabilité éventuelle du locataire.

Le bailleur discuterait le locataire dans tous ses biens, et ce
n'est qu'au résultat de cette vente que l'assurance entrerait en
jeu. Cette forme d'assurance s'adapterait mieux que l'assurance
réelle aux principes actuels de la responsabilité du locataire.
Mais le risque d'insolvabilité est d'une détermination trop
délicate pour que les compagnies se résignent à l'adopter.

201. La subrogation qui s'ajoute à la cession de droits
éventuels dans le contrat d'assurance du propriétaire, ne peut
évidemment naître que par le paiement de l'indemnité. Si l'on
substitue la subrogation à la cession, c'est pour éviter que les
compagnies d'assurances qui ne paient que le dommage maté-
riel, c'est-à-dire une partie du préjudice, puissent réclamer au

locataire plus qu'elles n'auraient déboursé, ce qu'elles pourraient exiger en cas de cession pure et simple du recours. La
subrogation obvie à ce résultat.

Mais cette subrogation est-elle licite ? La subrogation,
légale ou conventionnelle, est une fiction juridique attachée au
paiement d'une créance opéré avec des deniers fournis par un
tiers. Par cette fiction, la créance éteinte est réputée subsister
avec toutes ses sûretés et accessoires au profit de celui qui a
effectué le paiement.

Les auteurs et la jurisprudence sont d'accord pour déclarer
que la subrogation, pour exister en cette matière, doit être
conventionnelle, et qu'elle ne peut être légale. Il est, en effet,
impossible de faire rentrer cette hypothèse sous les prévisions limitatives de l'art. 1251 C. civ., puisqu'il n'y a entre
l'assurance du propriétaire et le preneur aucun lien de
droit (1).

La subrogation, pour exister, sera donc conventionnelle, et
personne n'hésite plus, en doctrine ou en jurisprudence (2), à
en admettre la validité, lorsqu'elle satisfait aux exigences de
l'art. 1250, § 1er, c'est-à-dire lorsque la quittance délivrée par
le bailleur porte, au profit de la compagnie d'assurances,
subrogation à tous ses droits et actions contre le locataire.

202. Nous avons cependant des doutes sur cette solution qui,
en pratique, conduit à de mauvais résultats, et nos doutes naissent de l'interprétation que nous croyons devoir donner à
l'art. 1250. La subrogation conventionnelle nous apparaît

(1) Civ. cass., 22 déc. 1852, D., 53. 1. 93.
(2) Troplong, *Du louage*, II, n. 339 ; Marcadé, IV, p. 42 ; Grun et Joliat,
Traité des assurances terrestres, n. 295 et 296 ; Pardessus, *Cours de droit
commercial*, n. 595 ; Persil, *Traité des assurances terrestres*, n. 201 ;
Boudousquié, *Traité des assurances contre l'incendie*, n. 329 ; de Lalande,
n. 546. — *Adde* Civ. rej., 1er déc. 1846, D., 47. 1. 37.

comme une mesure de protection, un bénéfice spécial établi en faveur du débiteur et qui, en aucun cas, ne saurait se retourner contre lui.

Prenons l'exemple classique de la subrogation consentie par le créancier.

Pierre me paie la créance que je possède contre Paul, et je le subroge à mes droits et actions contre ce dernier. Pierre, dans l'espèce, remplit envers Paul, le débiteur, un office d'ami. C'est un tiers qui intervient pour payer, et ce paiement, par une fiction de la loi, lui confère tous les droits du créancier qu'il désintéresse.

Mais n'oublions pas que le tiers intervenant tire son action du paiement d'une dette dont il n'est point tenu, et que la subrogation consentie tant par le créancier que par le débiteur est une mesure de bienveillance en faveur du débiteur. La subrogation qui est une fiction de la loi, c'est-à-dire une disposition exceptionnelle, devra donc présenter ces deux caractères. Or, ces deux caractères vainement nous les chercherons dans la subrogation en matière d'assurance.

Un contrat d'assurance est formé qui oblige l'assureur, au cas d'incendie, à relever le propriétaire indemne des pertes qu'il a subies. Quand l'assureur règle le sinistre au propriétaire, il paie une dette qui lui est propre, et l'on ne peut dire que le créancier reçoit son paiement d'*une tierce personne*.

Et ne décide-t-on pas, en outre, que le propriétaire qui a été indemnisé par l'assureur ne peut réclamer au locataire réparation de ce même préjudice? Puisqu'il en est ainsi, la même raison d'équité ne doit-elle pas empêcher que la compagnie d'assurances qui n'a payé dans l'indemnité du sinistre que la contre-valeur des primes qu'elle a perçues, s'enrichisse au détriment d'un malheureux frappé d'une ruine complète. La subrogation nous apparaît comme une mesure de bienveillance et de protection en faveur du débiteur, et nous ne pensons pas qu'elle puisse se produire, si elle devait avoir pour résultat d'aggraver sa situation.

A notre avis qui risque de rester seul, la subrogation que nous venons d'analyser n'est pas valable.

203. Il serait possible cependant, même sans modifier la loi, de mieux approprier le contrat d'assurance à la responsabilité du locataire au cas d'incendie. Mais il faudrait pour cela substituer le risque de responsabilité au risque réel, en un mot, introduire certaines formes de l'assurance sur la vie dans l'assurance contre l'incendie. C'est le locataire qui, en cas d'incendie, est responsable de la chose; il supporte la perte envers le bailleur. C'est sur lui, semble-t-il, que devrait s'appuyer l'assurance. Pourquoi ne stipulerait-il pas, moyennant une prime, que l'assureur serait tenu, en cas d'incendie, de verser directement au propriétaire le montant de l'indemnité ?

Cette stipulation, validée dans le contrat d'assurances sur la vie où le souscripteur du contrat ne peut cependant exciper le plus souvent que d'un intérêt moral, serait certainement licite, puisqu'elle serait la condition d'une garantie que le souscripteur créerait pour lui-même.

Le propriétaire aurait une action directe contre l'assureur du locataire égale au montant de la somme assurée. Il y aurait encore lieu pour le propriétaire de se faire couvrir, mais l'aléa qu'il garantirait, au lieu d'être sa chose, serait la solvabilité du locataire ou de son assureur.

Cette combinaison nous paraît mieux appropriée que toute autre aux rapports juridiques qui naissent, au cas d'incendie, entre le propriétaire et le locataire.

DE L.

CHAPITRE II

CARACTÈRE JURIDIQUE DE L'INDEMNITÉ DU RISQUE LOCATIF

204. L'indemnité du risque locatif a fait l'objet d'un règlement entre le locataire et son assureur. Son chiffre est connu et déterminé. Une question se pose aussitôt : cette indemnité s'incorporera-t elle dans le patrimoine du locataire en devenant le gage de tous ses créanciers (art. 2092 et 2093), ou bien sera-t elle dévolue, par voie de préférence, au propriétaire qui est seul à souffrir de cette perte ? Cette question doit être examinée, dans son premier état, avant la loi du 19 février 1889, et, dans son état actuel, depuis cette dernière loi.

SECTION PREMIÈRE

RÉGIME ANTÉRIEUR A LA LOI DU 19 FÉVRIER 1889

205. Deux opinions s'étaient produites, sous l'empire du code, sur la nature juridique de l'indemnité du risque locatif et sur l'affectation qu'elle devait recevoir. Pour les uns, l'indemnité représentait la chose incendiée et prenait sa place, tandis que, pour les autres, elle devait être considérée comme une valeur nouvelle accroissant le patrimoine du locataire.

206. Il n'est pas douteux, en équité, que l'opinion qui voit dans l'indemnité le prolongement de la chose détruite et l'attribue privativement au propriétaire, est préférable à celle qui confond cette indemnité dans le patrimoine du locataire. Nous ne pensons pas, au surplus, qu'il fût juridiquement impossible de justifier cette thèse.

Nous croyons, à la vérité, et en cela nous différons de certains partisans de l'opinion que nous allons défendre, que l'indemnité allouée par l'assureur n'est pas le prix de la chose assurée et ne représente pas cette chose au cas de sinistre. L'indemnité, c'est la contre-valeur des primes. Donc, nous n'admettons pas d'assimilation entre la chose qui appartient au propriétaire et l'indemnité qui, à raison de cette chose, tombe dans le patrimoine du locataire. Cette indemnité, en principe, appartient indistinctement et également à tous les créanciers.

207. Nous allons au préalable, à titre documentaire, enregistrer les diverses justifications, différentes de la nôtre, qui se sont produites en faveur de la dévolution exclusive de l'indemnité du risque locatif au propriétaire. Nous ne pouvons admettre que, par une fiction, l'indemnité représente l'immeuble, car, pour le décider ainsi, un texte serait nécessaire.

Nous n'admettons pas davantage que ce soit en vertu de l'art. 2102 C. civ. et par une extension du privilège du bailleur que le-propriétaire puisse prétendre droit exclusif à l'indemnité. Le privilège est de droit étroit. Or, s'il est exact que l'obligation de réparer les conséquences de l'incendie dans les termes de l'art. 1733, constitue bien l'un des éléments de l'exécution du bail, l'on ne peut néanmoins, à notre avis, étendre le privilège à l'indemnité d'assurance.

En effet, le propriétaire ne peut exercer son privilège que sur une certaine catégorie de biens : « les biens meubles qui garnissent les lieux loués ». Peut-on dire d'une créance d'indemnité, qui représente non point les objets détruits mais un aléa, qu'elle garnit les lieux loués? Evidemment non, et le caractère restrictif du privilège s'oppose, en outre, à cette extension.

208. Il faut chercher la justification de notre thèse dans la combinaison du principe même de l'assurance, à savoir qu'elle ne doit jamais être une cause d'enrichissement pour l'assuré, avec le principe de la stipulation pour autrui porté en l'art. 1121 C. civ.

L'on a tenté d'éluder l'application du principe de non enrichissement en restreignant sa portée. Il faudrait entendre ce principe en ce sens que seulement dans les rapports des parties contractantes, l'assurance ne peut être une cause de gain. L'assurance, en d'autres termes, ne devrait en ce cas couvrir que des pertes réelles. Mais entre les personnes étrangères au contrat (art. 1165), le principe n'aurait plus d'application.

Cette notion nous paraît inexacte. L'assurance contre l'incendie doit avoir pour unique résultat d'indemniser.

C'est sa fonction. Or, si l'indemnité est dévolue sans distinction aux créanciers du locataire, elle profitera à ce dernier et l'enrichira de tout ce qui aura été payé. Le principe de non enrichissement fait échec à l'art. 1165, il a une portée générale et signifie qu'en aucun cas, ni directement ni indirectement, l'assuré ne peut retirer un bénéfice de l'assurance. Et cela est si vrai que dans les assurances contre les accidents du travail, l'on est unanime à réduire l'action de l'ouvrier contre son assureur à la portion seulement dont il n'a pas été indemnisé par le responsable. C'est une règle essentielle. Donc, l'attribution de l'indemnité du risque locatif ne peut, sans dégénérer en un enrichissement, se faire à un autre qu'au propriétaire.

209. Mais la plus lourde difficulté subsiste : comment justifierons-nous cette dévolution ? Nous pensons qu'il faut demander à l'art. 1121 la solution de ce problème. L'assurance du risque locatif nous apparaît comme une stipulation que le preneur fait dans son intérêt propre au profit du propriétaire.

Comment s'analyse ce contrat ? Le locataire demande à l'assureur de couvrir son risque locatif et de payer au propriétaire, en son acquit, le montant du dommage. Ne peut-on pas dire que le locataire a en vue le paiement éventuel à faire au propriétaire ? Et cela est si vrai que l'indemnité du risque locatif ne pourra prendre naissance qu'autant que le locataire aura déjà subi le recours du propriétaire. Nous aurions donc considéré, sous l'empire du code, bien que la doctrine et la jurisprudence [1] se soient très généralement prononcées contre cette opinion, que l'assurance du risque locatif constituait une stipulation pour le propriétaire, et que ce dernier avait une action directe contre l'assureur du risque locatif dès que par l'exercice de son recours, il avait manifesté l'intention de profiter de cette stipulation.

SECTION II

RÉGIME DE LA LOI DU 19 FÉVRIER 1889

210. D'après l'opinion généralement reçue avant la loi du 19 février 1889, l'indemnité versée par une compagnie d'assurances ne représentait point l'objet assuré [2]. Il en résultait que l'indemnité du risque locatif ne pouvait être attribuée privativement au propriétaire, lorsque l'immeuble loué venait à

---

[1] Pour l'attribution exclusive de l'indemnité du risque locatif au propriétaire : Sebire et Carteret, *Encyclopédie du Droit*, v° *Contrat d'assurance terrestre*, n. 163 ; Pouget, v. *Action directe*, n. 3, et *Privilège*, n. 2. *Contrà* : Duranton, XII, n. 182 ; Troplong, *Privilèges et hypothèques*, IV, n. 890 ; Alauzet, *Traité général des assurances*, II, n. 452 ; Grün et Joliat, *Traité des assurances terrestres*, n. 110 ; Aubry et Rau, II, § 261, p. 608, texte et note 9.

[2] Colmar, 11 mars 1852, D., 55. 2. 251. — Douai, 3 janv. 1873, D., 73. 5. 36. — Paris, 8 déc. 1879, D., 81. 2. 23. — Aubry et Rau, III, § 283, p. 490, note 10 ; Colmet de Santerre, IX, n. 99 *bis*, IV.

être brûlé et que, d'autre part, les créanciers hypothécaires ou privilégiés sur l'objet assuré perdaient tout droit de préférence sur l'indemnité qui provenait de la perte de leur gage. Dans l'un et l'autre cas, cette indemnité profitait indistinctement à tous les créanciers de l'assuré.

211. La loi nouvelle s'est proposé de faire disparaître ces résultats qui blessaient l'équité. Désormais, l'indemnité sera substituée à la chose assurée et dévolue à ceux qui avaient sur cette chose un droit préférable à tous autres. Cette disposition n'est point sans précédent et, au cours de ce siècle, le législateur a consacré à diverses reprises ce principe d'équité.

Ainsi, la loi du 27 avril 1825, relative à l'indemnité accordée aux émigrés, a admis les créanciers des bénéficiaires à faire valoir leurs droits sur cette indemnité, suivant le rang de leurs privilèges ou hypothèques sur les immeubles confisqués.

De même, la loi du 3 mai 1841, sur l'expropriation pour cause d'utilité publique, donne aux créanciers hypothécaires et privilégiés le droit de se faire payer par préférence à tous autres sur l'indemnité d'expropriation.

La loi du 10 décembre 1874, sur l'hypothèque maritime, abrogée en cette disposition spéciale par la loi du 10 juillet 1885, portait de plein droit subrogation de l'indemnité d'assurances au navire hypothéqué en cas de perte ou d'innavigabilité du navire.

Un changement dans le caractère de l'indemnité et, par suite, dans son affectation, était à ce point conforme au vœu de la pratique, que les actes de constitution d'hypothèque contenaient ordinairement une cession régulière d'indemnité consentie par le débiteur au créancier hypothécaire. On parait ainsi aux inconvénients du système de la jurisprudence.

Mais puisqu'il y avait un vice dans la loi, il était juste que la loi elle-même vînt le corriger. Au reste, ce besoin de dispositions nouvelles, s'adaptant mieux aux conséquences et aux résultats de l'assurance, s'était fait sentir à l'étranger et y avait déjà reçu satisfaction (¹).

En France, une réforme similaire avait été tentée à différentes reprises sans pouvoir aboutir. Elle figurait, sous l'art. 2094, dans le projet de loi élaboré, en 1850 et 1851, par la commission de l'Assemblée nationale et destiné à remplacer le titre *Des privilèges et hypothèques* (²).

Mais ce n'est que bien plus tard que la règle si équitable de l'attribution de l'indemnité, par préférence, aux créanciers privilégiés ou hypothécaires sur la chose incendiée, est entrée dans notre législation.

212. Voici les articles de la loi du 19 février 1889 qui contiennent la réforme :

Art. 2. — « *Les indemnités dues par suite d'assurances contre* » *l'incendie, contre la grêle, contre la mortalité des bestiaux ou* » *les autres risques, sont attribuées, sans qu'il y ait besoin de* » *délégation expresse, aux créanciers privilégiés ou hypothécaires* » *suivant leur rang.*

» *Néanmoins les paiements faits de bonne foi avant opposition sont valables* ».

Art. 3. — « *Il en est de même des indemnités dues en cas de* » *sinistre par le locataire ou par le voisin, par application des* » *art. 1733 et 1382 C. civ.*

» *En cas d'assurance du risque locatif ou du recours du voisin,*

(¹) Belgique, loi du 16 déc. 1851, art. 10; Prusse, loi sur l'acquisition de la propriété immobilière et sur les droits réels immobiliers, du 5 mai 1872, art. 30 (v. *Ann. de législ. étrang.*, 1873, p. 225); Alsace-et-Lorraine, loi du 4 juil. 1881 (v. *Ann. de législ. étrang*, 1882, p. 292; Prusse rhénane, loi du 17 mai 1884 (v. *Ann. de législ. étrang.*, 1885, p. 203; Principauté de Monaco, Code civil de 1884, art. 1921 (v. *Ann. de législ. étrang.*, 1885, p. 457).

(²) *Moniteur universel*, 12 déc. 1850, p. 3547; 2 juil. 1851, p. 1868.

» *l'assuré ou ses ayants droits ne pourront toucher tout ou*
» *partie de l'indemnité sans que le propriétaire de l'objet loué,*
» *le voisin ou le tiers subrogé à leurs droits, aient été désinté-*
» *ressés des conséquences du sinistre* ».

Désormais, l'indemnité d'assurance vient prendre la place
de l'objet sinistré dans le patrimoine du débiteur. Mais quelle
est la cause juridique de cette substitution? Est-ce en vertu
d'une subrogation réelle de l'indemnité à la chose sinistrée,
d'une assimilation de l'indemnité au prix de cette chose, ou
d'une délégation légale? Les avis sont partagés, et nous convenons que l'on peut, en sens divers, invoquer les travaux préparatoires. Mais nous savons que, dans les contrats hypothécaires, l'on avait coutume de détourner l'application de la loi
en investissant le créancier de l'indemnité éventuelle de l'assurance qui couvrait la chose donnée en gage. La loi a dû s'approprier cette clause devenue de style et elle a décidé qu'elle serait
désormais sous-entendue dans les contrats. Elle a délégué aux
créanciers l'indemnité d'assurance suivant leur rang de préférence. N'est-ce point, au reste, ce que dit la nouvelle loi,
lorsqu'elle dispose que les indemnités d'assurances sont attribuées aux créanciers, sans qu'il y ait besoin de *délégation
expresse?* Les créanciers ont donc un droit propre et direct
sur l'indemnité, et la seule condition à l'exercice de ce droit se
trouve dans l'obligation qui leur est imposée de faire connaître
à l'assureur leur qualité de créanciers à préférence.

213. Nous connaissons le nouveau principe admis par la loi.
Or, tandis qu'il le formulait au profit des créanciers, le législateur s'apercevait de l'injustice créée par l'attribution de l'indemnité du risque locatif à tous les ayants droits du locataire
sans distinction. Dans la séance du Sénat du 2 février 1888,
M. Lenoël faisait remarquer que les indemnités dues à raison
d'une assurance de responsabilité, au lieu de profiter à la seule

victime, grossissaient le gage des créanciers de l'assuré sans aucune préférence pour l'auteur du recours. Aussi bien, pour obvier à ce résultat, la personne lésée, dont le recours mettait seul en mouvement l'obligation de garantie de l'assureur, s'entendait-elle avec ce dernier et renonçait-elle, moyennant une somme le plus souvent très inférieure à la perte réelle qu'elle éprouvait, à exercer un recours contre le responsable.

214. Ces observations de M. Lenoël dénonçaient le mal sans proposer aucun remède. C'est M. Lacombe qui, dans la séance du 10 février 1888, apporta en ce sens une disposition addition·nelle au projet de loi si souvent remanié, dont il justifiait ainsi l'utilité :

« Au lieu de servir à réparer les conséquences du sinistre,
» disait-il, l'indemnité est le gage des créanciers du locataire,
» dont la situation pourra ainsi être rendue meilleure par la
» faute imputable à leur débiteur ; le propriétaire sera primé
» par les cessionnaires de l'indemnité, ou, s'il n'y a pas de ces-
» sion, il viendra en concours et au marc le franc avec tous les
» créanciers existants. Il y a là une situation anormale, à
» laquelle mon article additionnel a pour but de remédier ; il
» dispose qu'en cas d'assurance du risque locatif ou du recours
» du voisin, l'indemnité ne pourra être perçue soit par le loca-
» taire, soit par le voisin, soit par les ayants droits, c'est-à-
» dire par leurs créanciers ou cessionnaires, qu'après que le
» propriétaire ou le voisin auront été désintéressés des consé-
» quences du sinistre » (¹).

215. L'addition ainsi proposée est devenue l'alinéa 2 de l'art. 3 de la loi du 19 février 1889.

Les difficultés sont nées nombreuses sur l'interprétation de ce texte. En effet, les auteurs de la loi se sont préoccupés d'ap-

(¹) *Journal Officiel*, Débats, Sénat, 1888, p. 254.

porter une réforme d'équité, mais il est bien difficile de dégager la base juridique qu'ils ont voulu donner à leur innovation. Ainsi un seul point est constant, c'est que désormais l'indemnité du risque locatif profite au propriétaire qui est seul à souffrir du sinistre.

Mais cette loi contient-elle une attribution directe au propriétaire de l'indemnité du risque locatif? Le texte n'est point net, et il autorise les divergences d'opinions.

216. Dans un premier système ([1]), le propriétaire n'aurait pas un droit personnel et exclusif sur l'indemnité et ne posséderait pas d'action directe contre l'assureur. L'art. 3 subordonnerait la perception par le locataire ou ses ayants droit de l'indemnité du risque locatif, à la justification préalable que l'auteur du recours a reçu satisfaction. L'assureur exerce donc un droit de rétention sur l'indemnité au profit de la personne lésée et à l'encontre de l'assuré et de ses ayants droit.

Il faut reconnaître à l'assuré, dans cette opinion, le droit de transiger avec l'assureur sur le principe et l'étendue de la responsabilité. On doit également décider que tous les droits, actions et déchéances, qui peuvent naître à l'occasion du sinistre, se fixent sur la tête de l'assuré.

217. Cette conception de l'art. 3 aboutit aux résultats les plus singuliers, lorsqu'il s'agit de réaliser le bénéfice spécial qu'il établit en faveur du propriétaire. La libération de toutes les parties intéressées ne pourrait en effet s'opérer que par un double paiement: le locataire responsable désintéresserait l'auteur du recours, le propriétaire, et ceci fait, il se ferait payer par son assureur.

Mais, pourquoi exiger ces multiples paiements? et qui ne voit que si l'assuré est pauvre, il ne pourra jamais désintéres-

([1]) Pannier, *Attributions des indemnités d'assurances*, p. 50 s.

ser le propriétaire et que par suite jamais il ne pourra rapporter la quittance de ce dernier à son assureur qui se retranchera
dans son droit de rétention. Ce sont des difficultés complexes,
insolubles, et on essaie de les tourner.

En fait, ajoute-t-on, le législateur n'avait point prévu ces
complications. Il a supposé que l'indemnité se réglerait par
la délégation que l'assuré en consentirait à l'auteur du recours.

Mais, à ce transport, les empêchements et les obstacles se
dressent nombreux. C'est une convention, et le propriétaire
non seulement sera libre, mais aura souvent intérêt à ne pas
l'accepter. En outre, si l'indemnité due à l'assuré est frappée
de son chef d'oppositions ou de saisies, l'on n'aperçoit pas le
moyen à l'aide duquel le propriétaire pourra faire cesser cette
indisponibilité.

Devant ces conséquences extrêmes, l'auteur de ce système
en appelle à la jurisprudence pour trancher, par l'arbitraire et
la contrainte, toutes les difficultés d'application qui pourront
se présenter.

218. Néanmoins, d'éminents auteurs [1] partagent cette manière de voir. La loi nouvelle n'aurait pas eu pour effet d'attribuer au propriétaire l'indemnité du risque locatif. « Elle
» établirait simplement au profit de l'assureur une sorte de
» droit de rétention, dont l'exercice déterminerait le locataire
» et ses ayants-droits à payer le locataire. »

Comment alors le propriétaire parviendra-t-il à réaliser son
recours qui, le plus souvent, pour s'alimenter, devra s'exercer
sur l'indemnité ?

L'on répond : le locataire aura le droit d'actionner l'assureur et de le faire condamner à payer le montant de l'indemnité jusqu'à due concurrence au propriétaire. Ce dernier a, en

[1] Baudry-Lacantinerie et de Loynes, *Priv. et hyp.*, I, n. 295.

vertu de l'art. 1166, la faculté d'exercer ce droit. L'action indirecte conduit au même résultat que l'action directe.

Nous ne pouvons croire que la loi nouvelle doive produire de telles conséquences ; elle perdrait alors tout effet utile.

Il ne nous semble pas que la procédure indiquée soit régulière. Le recours locatif ne s'ouvre, en effet, au profit du locataire qu'autant que ce dernier est lui-même actionné par le propriétaire. Le locataire ne peut donc prendre les devants et agir ainsi contre son assureur, sans avoir au préalable subi l'atteinte d'un recours qu'il est loisible au bailleur, ne l'oublions pas, d'exercer ou de ne pas exercer. Et puis, qui ne voit combien est anormale et contraire à tous les principes, cette procédure qui consisterait pour le preneur à faire condamner son assureur à payer en son acquit au propriétaire l'indemnité du risque locatif ? Le locataire n'a qu'un droit, faire déterminer l'indemnité, mais il ne peut contraindre son assureur à payer à autrui.

L'action indirecte présente elle-même des longueurs et de graves dangers. En effet, pour agir efficacement, le bailleur devra commencer par faire déterminer sa créance d'indemnité contre son preneur, et ce n'est qu'après ce premier procès, qu'il pourra actionner en paiement la compagnie d'assurances. En outre, cette action, si elle pouvait exister, serait bien fragile, car il suffirait qu'une exception naquît dans la personne du preneur au profit de l'assureur pour qu'elle ne pût s'exercer.

219. A notre avis, l'on ne doit même point parler ici d'action directe du locataire en paiement de l'indemnité par cette raison que le locataire n'a point, en ce cas, d'action directe.

Le locataire doit faire déterminer l'indemnité, il ne peut en réclamer le montant. La loi attribue directement l'indemnité au propriétaire ; à lui seul compète l'action. Et le locataire ou ses ayants droit ne pourront agir qu'à titre subsidiaire, c'est-à-dire lorsque le propriétaire sera par eux désintéressé. Il est donc irrationnel de prétendre que le propriétaire peut exercer l'action de son débiteur qui commencera à exister au moment même où celle qu'il possède s'éteindra.

220. Nous ne pouvons admettre davantage que le législateur ait songé à faire à notre matière une application de la théorie des privilèges sur les créances, émise par M. Labbé ([1]). Le savant auteur fait remarquer que les créances ne répugnent pas en elles-mêmes à un privilège, et il pose ce principe que « *l'on a privilège sur une créance dont on a fourni à ses dépens les conditions d'existence* ».

En d'autres termes, il formule cette théorie en disant que, quand une personne a une créance contre une autre, si le fait même générateur de cette créance donne naissance à une seconde créance dans le patrimoine du débiteur de la première, le premier créancier possède un privilège sur cette seconde créance pour la sûreté de sa propre créance. Grâce à cette théorie, que M. Labbé voit rayonner sur tout le droit et que, moins heureux, nous ne voyons nulle part, l'on expliquerait le plus facilement du monde l'attribution au propriétaire de l'indemnité du risque locatif. « Le propriétaire lésé n'est-il point » fondé à dire aux autres créanciers : sans le dommage que » j'éprouve et la créance qui en résulte, l'assureur ne devrait pas » l'indemnité litigieuse. C'est donc à raison d'une perte que je » subis que notre débiteur commun est créancier du montant » de l'assurance. Si vous prenez une part égale dans cette som- » me, vous vous serez injustement enrichis à mon préjudice. »

Il y a une réponse péremptoire à faire à cette théorie, c'est qu'il n'y a pas de privilège sans une loi qui l'établisse, et que la loi du 19 février 1889 ne contient aucune disposition de ce genre.

([1]) *Rev. critique*, 1876, p. 571 et 665.

221. Pour mémoire, nous signalons la théorie originale soutenue par MM. Darras et Tarbouriech (¹). Ces auteurs considèrent que le droit de rétention, accordé par certains à l'assureur, n'est point pour le propriétaire suffisamment protecteur, puisqu'il est exercé par un tiers, l'assureur, qui a un intérêt directement contraire au sien propre : *ne point payer*. Il aboutit en outre à des impossibilités d'application. Il faut donc trouver une base juridique à l'attribution de l'indemnité, différente des solutions déjà proposées, puisqu'au sentiment de ces auteurs, ces solutions sont mauvaises. Le propriétaire pourrait, à leur dire, demander directement à l'assureur le paiement de l'indemnité, parce que l'obligation de ce dernier est une *obligation de faire*, dont les victimes du sinistre peuvent seuls demander l'exécution, à l'exclusion des autres créanciers du débiteur. Ce raisonnement vaudrait si le propriétaire était partie au contrat d'assurance, mais il n'en est rien ; il est étranger aux conventions intervenues entre l'assureur et l'assuré. Il ne peut s'en prévaloir : *Res inter alios acta*.

222. A notre humble avis, il faut apprécier simplement l'art. 3 al. 2 de la loi de 1889, et s'inspirer uniquement de son texte et du but poursuivi par ses auteurs. Or, il ressort du texte que l'attribution de l'indemnité est faite directement au propriétaire en vertu d'une délégation légale. C'est ce qu'exprimait M. Lacombe, auteur de la disposition, en disant que l'indemnité serait « dévolue au propriétaire de préférence aux autres créan- » ciers ». Or, il est à présumer que le législateur a eu l'intention de donner au propriétaire un moyen simple et rapide à la fois d'appréhender son dû. Ce moyen, il ne le trouve que dans l'action directe. C'est l'opinion qui prévaut en jurisprudence. « Attendu, dit la Cour de Bordeaux, que l'indemnité relative au

(¹) *Attribution des indemnités d'assurances*, n. 107 à 109.

» risque locatif étant dévolue et attribuée au propriétaire de l'im-
» meuble incendié, en cas de responsabilité du locataire assuré,
» il est manifeste que le propriétaire ou le tiers subrogé à ses
» droits, a une action directe, au jour du sinistre, contre l'assu-
» reur du locataire » (¹).

223. Il est certain, d'autre part, que la responsabilité de l'art.
1733 est encourue par le locataire à raison de l'inexécution de
ses obligations contractuelles. L'indemnité, due ainsi par le
preneur, est couverte par le privilège du bailleur.

Jusqu'à la loi de 1889, l'indemnité ne pouvait être atteinte
par le privilège, parce que, disait-on, l'indemnité ne pouvait
être considérée comme garnissant les lieux loués.

Ce point de vue était exact.

Cette objection a disparu, ce qui ne veut point dire que l'on
puisse étendre le privilège du bailleur à l'indemnité du risque
locatif. La raison en est que la loi attribue directement au propriétaire cette indemnité, et qu'il est contradictoire de prétendre
que le propriétaire peut avoir un privilège sur sa propre chose.

224. Mais nous admettons parfaitement que le privilège du
bailleur doit s'étendre aux indemnités qui peuvent être versées
au locataire pour le couvrir de la valeur des objets garnissant
les lieux loués, détruits par l'incendie. Et cette solution nous
la fondons non point sur l'art. 3 de la loi de 1889, mais sur
l'art. 2 qui décidant *en général* que les indemnités d'assurances
sont attribuées de plein droit aux créanciers hypothécaires ou
privilégiés, suivant leur rang, s'applique nécessairement à la
créance privilégiée du bailleur (²).

(¹) Bordeaux, 13 mai 1895, *J. Ass.*, 1896, p. 80. — *Trib. Seine*, 2 juillet
1895, *J. Ass.*, 1896, p. 92; Cass. civ., 19 juin 1897, *Rec. arrêts Bordeaux*,
97. 3. 93.

(²) En ce sens : Lyon, 25 février 1892, D., 92. 2. 393. — *Contrà :* Note
Planiol sur l'arrêt.

CHAPITRE III

DÉROGATIONS EXPRESSES OU TACITES AUX ART. 1733 ET 1734
DU CODE CIVIL

225. Nous avons renvoyé l'examen des clauses dérogatoires à la responsabilité du locataire après l'étude de l'assurance du risque locatif, parce que cette assurance est susceptible, par ses multiples combinaisons, de porter atteinte aux règles ordinaires de cette responsabilité. Les principes, contenus dans les art. 1733 et 1734, peuvent évidemment être modifiés, car ils n'intéressent en rien l'ordre public (¹). Une seule limite doit être assignée à ces dérogations : elles ne doivent pas aller jusqu'à exonérer le locataire de son dol et de sa faute lourde. Mais, en deçà de cette limite, toutes les conventions sont permises aux parties qui peuvent, par exemple, décider que la preuve de la faute incombera au propriétaire au lieu d'être supportée par le preneur. Cette convention est assurément licite (²)

A l'inverse, rien ne s'oppose à ce que les parties aggravent la responsabilité du locataire en mettant à sa charge le cas fortuit ou de force majeure. Le bailleur peut également, au cas de pluralité de locataires et s'ils y consentent, maintenir entre eux la solidarité de l'ancien article 1734. L'on pourrait varier à l'infini les exemples de dérogations expresses à la res-

(¹) Req., 28 janvier 1868, D., 68. 1. 483.
(²) Cass., 15 mars 1876, S., 76. 1. 449.

ponsabilité du locataire. Leur légalité ne peut être mise en doute.

Les conventions modifiant la responsabilité des locataires peuvent être tacites et s'induire de faits et de circonstances. Il ne faudra point alors présumer trop facilement la renonciation du bailleur. Ainsi, c'est à juste titre, pensons-nous, que la cour de Lyon a jugé que l'offre du bailleur de prouver que l'incendie a pris chez tel de ses locataires n'emportait pas, de sa part, renonciation au bénéfice de l'art 1733 ( ). Le bailleur avait dépassé ses obligations sans, pour cela, vouloir renoncer à une parcelle de son droit.

226. Mais la question de renonciation tacite est infiniment plus pratique au cas d'assurance. Ainsi quel sera l'effet d'une stipulation du bail qui obligerait le preneur soit à faire assurer l'immeuble contre l'incendie, soit à payer les primes de l'assurance contractée par le propriétaire ? Doit-on la considérer comme un abandon, une renonciation du bailleur au droit que lui confère l'art. 1733 ?

Dans une première opinion, on se décide pour l'affirmative. Il ne paraît pas admissible que le locataire, qui paie la prime d'assurance pour la garantie de l'immeuble, ait voulu subir à la fois le risque de l'incendie et la charge de la prime (²).

Cette considération, à notre avis, n'est point décisive. Ne peut-on pas tout aussi bien dire que les primes mises à la charge du preneur sont un supplément de loyer, un élément du prix de location ? C'est ainsi qu'il faudra ordinairement interpréter cette clause.

Le propriétaire court le risque d'incendie non moins que le locataire. L'on conçoit donc qu'il impose à ce dernier l'obli-

(¹) Lyon, 1er mars 1877, D. *sup.*, v° *Louage*, n. 237.
(²) Aix, 28 février 1837, D. *Rép.*, v° *Assurances terrestres*, n. 76.

gation de payer les primes d'assurance. Le preneur agira dans ce cas en qualité de donataire, et il restera par suite étranger au contrat d'assurance. Il stipulera au nom du propriétaire et c'est ce dernier seul qui en profitera. Au contraire, la convention porte-t-elle que le montant des primes sera payé directement au propriétaire, elle n'aura d'autre résultat que d'augmenter le loyer.

Au lieu d'une renonciation à son droit, le propriétaire fait un acte de prévoyance et de bonne administration. Il ne se contente point du recours que lui accorde la loi contre le locataire, il fait couvrir son risque deux fois, par le locataire et par une compagnie d'assurances.

Mais il ne faut point non plus généraliser cette interprétation, car si, à elle seule, la stipulation qui met les primes à la charge du preneur ne suffit point à faire présumer sa renonciation au recours locatif, elle sera souvent un indice de cette renonciation. Des circonstances viendront éclairer l'intention du bailleur et établir qu'il s'est borné à son action contre la compagnie et a abandonné tout recours contre son locataire. On le voit, la question que nous examinons dégénère, en définitive, en une pure question de fait pour le juge, qui cependant ne devra point perdre de vue que la renonciation ne se présume pas (¹).

(¹) Bordeaux, 28 novembre 1854, D., 55. 2. 189. — Metz, 21 décembre 1854, D., 55. 2. 197. — Rouen, 8 décembre 1879, S., 81. 2. 125. — Toulouse, 19 février 1885, S., 85. 2. 73. — Laurent, XXV, n. 290, 291 ; Richard et Maucorps, n. 488, 492 ; de Lalande et Couturier, n. 722.

APPENDICE

227. Un examen rapide des législations étrangères vient naturellement compléter notre étude sur la responsabilité du locataire à raison de l'incendie. Nous croyons agir avec méthode en groupant les lois étrangères sous des sections différentes, suivant qu'elles adoptent ou rejettent le principe du code civil.

Dans une première section, nous passerons en revue les législations qui dérivent de notre code et ont adopté le principe qu'il consacre.

Une deuxième division comprendra les législations qui repoussent la responsabilité contractuelle, favorable au propriétaire, et ne soumettent le locataire qu'à la responsabilité délictuelle, la preuve incombant au propriétaire.

Enfin, sous une troisième section, nous rangerons les législations qui sont restées muettes sur la question, laissant à l'interprète le soin d'extraire la solution du droit commun et des principes généraux.

SECTION PREMIÈRE

LÉGISLATIONS PORTANT DES DISPOSITIONS CONFORMES OU ANALOGUES AU CODE CIVIL

228. La législation belge reproduit textuellement les art. 1733 et 1734 (ancien) de notre code civil. Dans son avant-projet de révision, M. Laurent modifie l'art. 1733 en ces ter-

mes : « Le preneur répond de l'incendie, à moins qu'il ne
» prouve que le feu a éclaté *sans sa faute*.

L'énumération de l'art. 1733 est supprimée, parce qu'elle ne
peut pas être restrictive et se trouve par suite inutile. « C'est
» au preneur, dit-il, de prouver que l'incendie est arrivé sans
» sa faute ; la preuve peut varier d'une espèce à l'autre, le
» juge appréciera... L'art. 1302 du code civil qui pose le prin-
» cipe fondamental en cette matière est conçu en ce sens, et il
» n'y a absolument aucune raison ni de droit ni d'équité, pour
» déroger au droit commun, en matière d'incendie ».

Cette modification a été introduite implicitement dans notre
droit par les travaux préparatoires de la loi du 5 janvier 1883,
mais nous regrettons qu'elle ne se soit point traduite dans le
texte par le retranchement des cas d'exonération.

L'art. 1734 subit la modification suivante :

« S'il y a plusieurs locataires, la responsabilité se divise
» entre eux, à moins qu'ils ne prouvent que l'incendie a com-
» mencé dans l'habitation de l'un d'eux, auquel cas celui-là
» seul en est tenu ; ou que quelques-uns ne prouvent que l'in-
» cendie n'a pu commencer chez eux, auquel cas ceux-là ne sont
» pas tenus ».

La rédaction de cet article est vicieuse. Elle présente les
mêmes défauts que celle de notre nouvel article 1734. Le locataire, qui ne peut faire la preuve prévue par cette disposition,
est-il tenu de toutes les suites de l'incendie dans l'immeuble
qu'il habite ou bien répond-il simplement de la valeur de la
portion d'immeuble qu'il occupe ? Cette difficulté n'est point
prévue par le texte, et donnerait lieu aux controverses que
nous avons vu surgir chez nous au sujet de la loi de 1883.
M. Laurent a bien fait observer, à propos de cet article, que,
dans l'espèce, chacun des locataires n'a reçu qu'une partie de
la chose louée et ne doit restituer que celle-là, et que, partant,

la responsabilité se divise nécessairement entre eux. Mais cette interprétation risquerait fort de ne point prévaloir sur le texte qui est ambigu.

Quoi qu'il en soit, ces dispositions sont encore à l'état de projet, et la responsabilité des locataires est soumise en Belgique à l'application des art. 1733 et 1734 (ancien) de notre code civil.

229. D'après le code mexicain ([1]), le locataire est responsable de l'incendie, à moins qu'il ne prouve que cet incendie provient de cas fortuit, de force majeure ou de vice de construction, ou qu'il a été communiqué par une maison voisine; en cas d'existence de plusieurs locataires, ils sont solidairement tenus, à moins que l'un ne prouve que l'incendie a commencé chez l'autre ou n'a pu commencer chez lui. Ce sont, on le voit, les dispositions de notre code civil, avant les modifications de la loi de 1883. Lorsque le propriétaire habite une partie de la maison, il est considéré, à ce point de vue, comme un colocataire.

230. Le code de Bolivie reproduit les articles 1732 et 1733, mais écarte l'article 1734 ([2]).

231. Le code civil de Serbie de 1844 contient des dispositions analogues aux art. 1733 et 1734 (anciens).

232. Le code civil du bas Canada de 1865, qui a pour base l'ancienne coutume de Paris, décide que, lorsqu'il arrive un incendie dans les lieux loués, il y a présomption légale en faveur du propriétaire, qu'il a été causé par la faute du locataire ou des personnes dont il est responsable, et à moins qu'il ne prouve le contraire, il répond envers le propriétaire de la perte soufferte. Cette présomption pèse sur les locataires, mais non sur les propriétaires voisins.

([1]) De la Grasserie, *Traduction du code civil mexicain de 1870*, p. 197.
([2]) De Saint-Joseph, II, p. 116.

Néanmoins, s'il y a deux ou plusieurs locataires de différentes parties de la même propriété, chacun est responsable de l'incendie dans la proportion de son loyer relativement au loyer de la totalité de la propriété, à moins qu'il ne soit établi que l'incendie a commencé dans l'habitation de l'un d'eux, auquel cas celui-ci en est seul tenu, ou que quelques-uns ne prouvent que l'incendie n'a pas commencé chez eux, auquel cas ils n'en sont pas tenus.

Notre nouvel article 1734 s'est donc approprié purement et simplement cette disposition.

233. Dans la plupart des cantons suisses et des états italiens l'on avait adopté les dispositions du code civil, en y introduisant des réformes sur le régime de la preuve, ou, au cas de pluralité de locataires, en substituant la responsabilité proportionnelle à la responsabilité solidaire (¹).

Nous n'avons qu'à mentionner ces diverses législations qui sont aujourd'hui abrogées et remplacées, les unes, par le code civil italien de 1865, les autres, par le code fédéral suisse des obligations du 1ᵉʳ janvier 1883 qui s'applique, en ce qui concerne le louage, à tous les cantons indistinctement.

234. Le code italien ne s'en est pas moins approprié, sur le point spécial de la responsabilité du locataire en cas d'incendie, les dispositions contenues dans le code civil sarde. Elles sont devenues les articles *1589 et 1590.*

« Art. 1589. — *Il (le locataire) répond de l'incendie, s'il ne » prouve pas :*

» *Qu'il est arrivé par cas fortuit ou force majeure, ou par » défaut de construction, ou malgré la diligence qu'un père » de famille soigneux a coutume d'exercer ;*

(¹) Code du Tessin de 1837, art. 846. — Code du Valais, 1853-1855, art. 1477. — Code sarde de 1837, art. 1742.

» *Ou que le feu s'est communiqué d'une maison ou d'un fonds*
» *voisin.*

» Art. 1590. — *Si une maison est habitée par plusieurs loca-*
» *taires, tous sont responsables de l'incendie ainsi que le bail-*
» *leur si celui-ci y habite également, et chacun en proportion*
» *de la valeur de la partie qu'il occupe;*

» *A moins qu'ils ne prouvent que l'incendie a commencé*
» *dans l'habitation de l'un d'eux, auquel cas celui-ci doit en*
» *être seul responsable;*

» *Ou que l'un d'eux ne prouve que l'incendie n'a pu com-*
» *mencer dans son habitation, auquel cas celui-ci n'en est pas*
» *responsable.* »

La seule différence qui existe entre ce texte et notre
art. 1734, c'est que dans celui-ci la responsabilité du locataire
est basée sur la *valeur locative* de la partie qu'il occupe, et,
que, dans celui-là, elle correspond à la valeur vénale de cette
même partie. Le système du code italien est plus logique, car
il est juste que les dommages-intérêts du locataire soient me-
surés sur la valeur de l'objet qu'il a reçu et qu'il ne peut
rendre.

Il est intéressant de comparer les solutions données en
Italie aux controverses soulevées au cours de notre étude, avec
celles que nous avons cru devoir adopter. M. Luigi Borsari
les indique dans son commentaire du code civil, IV, p. 689-9 :

1° C'est au propriétaire qui habite dans la maison incendiée
à prouver, avant de recourir contre les locataires pour les appartements qu'ils occupent, que l'incendie n'a pas commencé
chez lui ;

2° La part du locataire qui prouve que l'incendie n'a pas
pris naissance dans son appartement est perdue pour le propriétaire ;

3° Si tous les locataires moins un font la preuve que l'incendie n'a pu prendre chez eux, ou s'il est démontré que le feu a pris chez l'un d'entre eux, sans que toutefois sa faute soit prouvée, c'est à celui qui seul n'a pu faire la preuve de sa diligence à réparer tout le dommage.

Ces solutions prévalent en doctrine et en jurisprudence. D'après M. Chironi ([1]), professeur à l'université de Sienne, l'opinion certaine, hors de doute, c'est que le locataire a deux moyens pour se soustraire à sa responsabilité : ou bien il établit par une preuve positive que le feu a pris chez tel locataire, ou bien il établit par une preuve négative que le feu n'a pas pris chez lui. Dans les deux cas, la preuve faite a un effet libératoire pour celui qui l'administre, mais au premier cas il y a plus : la démonstration que le feu a pris chez tel locataire non seulement libère les autres, mais équivaut à son égard à la preuve d'une faute et le rend responsable de l'entier immeuble.

Nous avons réfuté ce système qui est irrationnnel. De deux choses l'une en effet : ou bien la responsabilité est contractuelle et alors il faut la limiter à l'objet du contrat, ou bien elle est délictuelle et alors on doit l'étendre à toutes les suites de l'incendie. Mais l'on ne peut, en admettant la responsabilité contractuelle, étendre ses effets au-delà de ce qui n'est pas le contrat. C'est peut-être une transaction entre les deux théories mais nous ne pouvons l'accepter, car elle constitue un véritable expédient.

235. Le code civil de la principauté de Monaco du 25 octobre 1884 reproduit, dans son article 1574, les dispositions de l'art. 1 de la loi française du 5 janvier 1883.

236. Le code civil de l'empire du Japon ne contient, au titre du louage, aucune disposition particulière réglant la responsabilité du preneur à raison de l'incendie. Néanmoins,

---

([1]) *Revue critique*, 1885. Sauzet, *Responsabilité des locataires envers le bailleur*, p. 185, note.

l'art. 142 décidant que le locataire est tenu, quant à la garde et
à la conservation des choses louées, des mêmes obligations que
l'usufruitier, c'est en nous référant à la matière de l'usufruit
que nous devrons trancher cette difficulté. Or, aux termes de
l'art. 85 du même code, si les choses soumises à l'usufruit ont
péri *par un incendie*, en tout ou en partie, l'usufruitier est
présumé en faute, s'il ne fournit la preuve du contraire. C'est
la doctrine de notre code civil, débarrassée des énonciations
qui la rendent si obscure et si difficile (¹).

237. Quoi qu'il en soit, ces diverses législations, qui dérivent
de notre code civil, sont sévères. Nous pensons, en effet, que
ce système rigoureux pourrait être écarté sans blesser pour
cela les principes généraux et le droit commun. L'incendie est
un fait d'une nature spéciale; le plus souvent, à moins d'être
volontaire, il est dû à une faute imperceptible. N'y aurait-il
pas lieu, en conséquence, de le mettre hors des prévisions du
contrat et d'obliger le propriétaire à faire la preuve de la faute
de ses locataires pour obtenir des dommages-intérêts ? Cette
doctrine est consacrée par un deuxième groupe de législations
dont nous abordons maintenant l'étude.

SECTION II

LÉGISLATIONS QUI N'ADMETTENT QUE LA RESPONSABILITÉ DÉLICTUELLE DU LOCATAIRE

238. Dans les législations que nous allons examiner, le locataire n'est point *de plano* déclaré responsable soit en vertu de
son contrat, soit, comme le décide notre jurisprudence, en
vertu d'une présomption de faute *sui generis*. C'est le propriétaire, au contraire, qui supporte les conséquences de l'incendie,
s'il ne parvient à établir la faute du preneur.

(¹) Code civil de l'empire du Japon, *Traduction officielle*, Tokio, 1890.

239. *Angleterre.* — Le droit civil anglais est constitué par
une compilation de lois « extraordinairement indigeste et ver-
beuse ». Il paraît que si le locataire ne s'est point engagé à faire
généralement les réparations, il n'est pas obligé de rebâtir ce qui
a été détruit par incendie, à moins que l'accident ne soit arrivé
par sa faute. La charge de la preuve incombe au propriétaire [1].

Si la détérioration ou la perte porte sur un objet loué, dit
Lehr [2], c'est au propriétaire à prouver que le locataire est en
faute. Des conventions expresses peuvent bien intervertir la
charge de la preuve, mais elles seront rarement acceptées par
le preneur.

La législation s'est modifiée sur ce point, et Blackstone [3]
marque ainsi ses variations :

« Par la loi commune, dit-il, les fermiers n'étaient pas res-
» ponsables envers leurs propriétaires des accidents du feu ou
» des effets de leur négligence sur ce point. Depuis, le statut de
» Glocester, en assujétissant les tenanciers à vie et à terme
» d'années, aux actions de dévastation sans exception, les ren-
» dit par conséquent responsables des accidents du feu. Mais
» aujourd'hui l'ancienne loi est rétablie, et elle affranchit toute
» personne pour les accidents du feu dans une maison quelcon-
» que, si ce n'est dans le cas de convention expresse entre le
» propriétaire et le tenant ».

La loi anglaise paraît faire au bailleur une situation pleine de
dangers. Mais il ne faut pas oublier que le propriétaire trouve,
dans l'assurance, un moyen facile et peu coûteux de se garantir contre le risque d'incendie, et qu'il manque bien rarement
en fait de l'employer.

[1] Anthoine de Saint-Joseph, *op. cit.*, II, p. 276.
[2] Lehr, *Éléments de droit civil anglais*, p. 616.
[3] Commentaires sur les lois anglaises, liv. III, chap. XIV, traduction
Champré. Paris, 1822. — 25, IV, p. 386, note 1.

Le plus ordinairement, le bailleur prendra le parti sage d'assurer lui-même sa chose, et, à ce sujet, il ne pourra naître aucune difficulté avec son preneur.

Mais il peut arriver que le propriétaire astreigne le preneur, par une clause spéciale du contrat, à assurer l'immeuble qu'il lui donne à bail et à payer les primes de l'assurance. Si, dans ce cas, le preneur manque de payer la prime annuelle, il encourra la résiliation du bail. Toutefois, le juge a la faculté de ne point prononcer la résiliation : à la double condition qu'il n'y ait pas eu d'incendie ni, par suite, de préjudice causé au propriétaire pendant le non-paiement des primes, et que ce non-paiement soit le résultat d'une erreur, mais non d'une fraude. Cette faveur ne pourra être accordée qu'une seule fois pour le même locataire et à raison de la même infraction.

Maintenant, si le tenancier, obligé d'assurer l'immeuble, ne s'est pas conformé à cette clause de son contrat, tout en couvrant par une assurance ses propres intérêts, il sera tenu en cas de sinistre d'abandonner au propriétaire et à ses ayants-cause le bénéfice de cette assurance (¹).

239 *bis. Louisiane.* — Le code civil de la Louisiane de 1824, conforme à notre droit en ce qui concerne la perte et les détériorations de la chose louée, décide néanmoins que le locataire ne répond de l'incendie qu'autant qu'il est prouvé qu'il est arrivé par sa faute ou sa négligence, ou celle des personnes de sa maison (²).

240. *République argentine* (²). — Le code civil argentin assimile l'incendie au cas fortuit. Le propriétaire n'aura donc une action en réparation des conséquences de l'incendie que s'il y a faute personnelle du locataire ou des personnes dont il ré-

---

(¹) Lher, *op. cit.*, p. 201, n. 307.
(²) Anthoine de Saint-Joseph, *op. cit.*, II, p. 548.
(³) Code, 1869-1882, art. 1572.

pond (domestiques, préposés, cessionnaires du bail ou sous-
locataires, hôtes, etc.) (art. 1572).

241. *Autriche.* — Le code civil autrichien (1811) contient
des dispositions favorables au locataire. Elles ont de nombreux
points de contact avec la législation anglaise sur ce sujet.

Art. 1104. — *Il n'est point dû de prix du bail ou du fer-*
» *mage, lorsque le preneur n'a pu jouir de la chose par suite*
» *d'un événement extraordinaire tel que : le feu, la guerre, une*
» *épizootie, une inondation, un orage, un défaut absolu de*
» *récoltes* ».

Art. 1106. — « *La clause générale que le preneur est chargé*
» *des risques comprend : l'incendie, l'inondation et la grêle.*
» *Les autres cas sont extraordinaires : il ne doit pas les sup-*
» *porter.*

» *S'il est tenu par le contrat de supporter aussi tous les acci-*
» *dents extraordinaires, on ne présume pas par cette clause*
» *qu'il se soit rendu responsable de la perte totale accidentelle*
» *du bien affermé* ».

D'après ces textes, l'incendie est assimilé à un cas de force
majeure, et le locataire n'en répond qu'en vertu d'un engagement formel.

242. *Russie.* — Le locataire n'est point, à moins de conventions contraires, responsable de l'incendie qui détruit la chose
louée. En effet, l'article 1432 du xᵉ livre du Svod décide que
« le locataire qui s'est engagé à assurer le bâtiment contre l'in-
» cendie est responsable des incendies occasionnés par sa
» faute » (¹).

243. *Hollande.* — Le code civil hollandais de 1831 reproduit la règle de notre article 1732, mais il dispose en outre,
dans son article 1601, que le preneur ne répond pas de l'in-

(¹) De Saint-Joseph, *op. cit.*, III, p. 395.

cendie, à moins que le bailleur ne puisse prouver qu'il a été occasionné par sa faute ([1]).

244. *Turquie.* — Le bailleur est assimilé au voisin pour la responsabilité d'incendie. « Le locataire est responsable de » l'incendie arrivé par sa faute ou par sa négligence, non seu- » lement pour le bâtiment qu'il occupe, mais encore pour celui » des voisins » ([2]).

245. Avant la promulgation du code fédéral des obliga- tions, plusieurs cantons suisses (Vaud et Fribourg) exonéraient le locataire de la responsabilité d'incendie, hors le cas de faute délictuelle. Le code de Neufchâtel allait même plus loin, et il décidait, en son article 1364, que le locataire ne serait tenu que de l'incendie dû à sa propre malveillance ([3]).

246. *Alsace-Lorraine.* — La législation des provinces annexées se distingue par son caractère d'originalité. Une loi du 7 mars 1881 a, en effet, abrogé les articles 1733 et 1734. Elle ne fut votée qu'après une fort longue discussion et malgré l'avis contraire de la commission. Certains, en effet, repous- saient cette modification au code dont ils ne sentaient pas le besoin et qui leur paraissait contraire aux principes généraux.

La réforme fut provoquée par un arrêt de la cour de Colmar déclarant illicite le recours exercé contre un locataire par l'as- sureur du propriétaire qui s'était fait subroger aux droits et actions de ce dernier. Ce n'était là qu'un expédient pour favo- riser un preneur malheureux. La loi nouvelle a voulu mettre d'accord les rapports juridiques du locataire et du propriétaire avec les résultats du contrat d'assurance. Elle a donc rejeté les effets du contrat de bail ou de la présomption de faute qui pesaient sur le preneur, et elle a mis la preuve de la faute à la

([1]) De Saint-Joseph, *op. cit.*, II, p. 398.
([2]) De Saint-Joseph, IV, p. 443, n. 1309.
([3]) De Saint-Joseph, IV, p. 500.

charge du propriétaire ou de la compagnie subrogée à ses droits.

L'on alla même plus loin, et l'on proposa de supprimer entièrement le recours au cas où l'immeuble serait couvert par une assurance, cette assurance étant censée faite par le propriétaire non seulement dans son intérêt, mais dans celui des locataires. La proposition ne fut point adoptée.

Voici les termes de la loi nouvelle :

« Art. 1. — *Le locataire ou le fermier d'un bâtiment n'est* » *responsable des dommages causés par l'incendie que s'il est* » *établi que ces dommages sont la conséquence d'une faute qui* » *lui est imputable.*

» *Les articles 1733 et 1734 du code civil sont abrogés.*

Art. 2. — « *Cette loi entre en vigueur le 1er avril 1881. Les* » *locataires et les fermiers qui, avant ce jour, s'étaient assu-* » *rés contre les conséquences de leur responsabilité en matière* » *d'incendie, peuvent résilier leurs assurances. Ils doivent tou-* » *tefois payer intégralement la prime de l'année en cours au* » *moment de la résiliation* » (¹).

Il y a lieu de se féliciter de rencontrer cette innovation dans la législation d'une Province qui, hier encore, était française, et d'espérer que pareille réforme ne tardera point à pénétrer dans nos codes.

SECTION III

LÉGISLATIONS QUI SONT MUETTES SUR LA RESPONSABILITÉ DU LOCATAIRE A RAISON DE L'INCENDIE.

247. Les codes les plus récents, tout en s'inspirant de notre code civil, ont eu soin d'éliminer ses imperfections. Les articles 1733 et 1734, ne faisant dans la thèse que nous avons

---

(¹) *Annuaire de législation étrangère*, 1881, p. 289.

défendue, que confirmer les principes généraux devraient être les premiers à disparaître. Les nouvelles législations ne les reproduisent pas.

248. C'est ainsi que le code civil espagnol (1889) pose dans l'art. 1563 le principe général de la responsabilité du locataire et déclare ce dernier responsable des dégradations et des pertes qui surviennent à la chose louée, s'il ne parvient à prouver qu'il n'a commis aucune faute. C'est l'absence de faute qui le libère, et c'est au juge qu'il appartient de décider si l'incendie qui est en soi un simple fait est, dans l'espèce soumise, constitutif ou non de faute.

249. C'est encore cette même solution qui est consacrée par le code civil portugais (1ᵉʳ juillet 1867), le code fédéral des obligations, décrété le 14 juin 1881 et exécutoire dans toute la Suisse depuis le 1ᵉʳ janvier 1883, et enfin par le nouveau code civil allemand (1896).

250. Or, les principes généraux imposent, en notre matière, la responsabilité contractuelle du locataire. Le locataire doit jouir en bon père de famille, et en cas de perte, il est tenu, s'il veut se libérer, de prouver qu'il n'a commis aucune faute. C'est le droit commun. Il est regrettable, puisque tel était déjà son but, que notre législateur n'ait point saisi, en 1883, l'occasion qui lui était offerte de le proclamer et de le consacrer formellement en supprimant les articles 1733 et 1734, dont le maintien n'a fait qu'aviver les controverses que l'on avait eu cependant l'intention de faire disparaître.

CONCLUSION

251. Il n'est pas d'autres dispositions de notre code qui aient donné lieu à plus de controverses et de divergences que celles portées aux articles 1733 et 1734. L'on ne s'entend ni sur le principe de la responsabilité ni sur la répartition du préjudice entre les locataires ou plus exactement entre les occupants de la maison louée. De là, dans la pratique, naissent des difficultés et des litiges nombreux que les recours de l'assureur viennent encore compliquer et aggraver. Une disposition qui engendre de pareils résultats est certainement mauvaise ; elle doit être modifiée et même disparaître.

252. Le droit n'échappe pas à la loi de l'évolution. Un à un, les articles de notre code civil sont atteints. L'on s'aperçoit que certains principes ne correspondent plus aux conceptions morales et économiques en cours, et on les supprime. A la vérité, dans ce travail de réforme qui brise l'unité, l'harmonie du code, l'on semble n'avoir qu'un souci vraiment puéril : sauver les apparences et conserver la disposition matérielle des articles. C'est au législateur de demain qu'il appartiendra de dégager les principes généraux de l'œuvre ainsi élaborée et de former à nouveau la synthèse et la codification des éléments. Mais aujourd'hui, le jurisconsulte doit borner son action aux réformes urgentes que commandent les nécessités économiques, et, dans cet ordre d'idées, les dispositions des articles 1733 et 1734 doivent être des premières à disparaître.

253. La question n'est point, en effet, de savoir si, dans le passé, la faute d'incendie, présumée ou contractuelle, pesait à bon droit sur le preneur, ni si, dans notre droit, elle s'adapte

DE L. 12

harmonieusement au droit commun. Autres temps, autres lois. C'était justice à Rome et dans l'ancien droit de proclamer la faute du locataire ou de l'habitant et cela pour deux raisons : l'une, d'ordre public, l'autre, d'ordre privé et contractuel. Il y avait, en effet, intérêt général à stimuler la surveillance des habitants pour éviter dans la mesure possible le redoutable fléau d'incendie, et il était juridique que de deux personnes dont l'une était étrangère à la garde d'une chose, dont l'autre avait par son contrat assumé la surveillance, cette dernière dût rapporter la preuve de sa diligence.

Mais aujourd'hui la raison d'ordre public doit être écartée. Dans les villes, et c'est là seulement que la question présente un réel intérêt, les secours d'incendie sont nombreux et efficaces, et l'on n'a plus à redouter que des quartiers entiers soient réduits en cendre, *ne urbs deformetur*.

D'autre part, au point de vue spécial de la responsabilité d'incendie, les rapports entre propriétaires et locataires doivent être profondément modifiés à raison de la vulgarisation de l'assurance. Tout propriétaire un peu soucieux de ses intérêts assure sa chose. Il est donc entièrement couvert et garanti contre le risque d'incendie. Quelle utilité, dans ces conditions, d'obliger le locataire à couvrir une deuxième fois ce même risque ? C'est tout bénéfice pour les compagnies. Il faudrait donc, dans la loi, tenir compte de ce fait économique nouveau et considérer l'incendie comme un cas fortuit à la charge du locataire. Et, à vrai dire, cette conception n'est point éloignée de la réalité. Car si l'incendie ne se comprend guère sans une faute, cette faute est à ce point ténue, infime, que dans la plupart des cas, il est impossible de la distinguer. Est-ce, en effet, que le plus souvent la cause de l'incendie ne reste point inconnue ?

La faute d'incendie, on l'a dit avec raison, provient de l'habitant. Elle est inhérente au fait de l'habitation, et le risque n'est pas plus grand, à notre avis, si la maison est habitée par le locataire au lieu de l'être par le propriétaire. N'est-il pas juste en conséquence de faire supporter les suites du sinistre par le propriétaire dont le locataire apparaît, au point de vue de l'habitation, comme le suppléant et le remplaçant ?

254. Mais, peut-on objecter, exonérer le locataire de la respousabilité d'incendie, c'est accorder une prime à son incurie et à sa négligence ? Il resterait à établir, pour fonder ce reproche, que le locataire est plus négligent que le propriétaire, et la preuve n'est point faite. Il nous semble certain, au contraire, que chacun se garde le mieux qu'il peut de l'incendie, et que le désir de soustraire son mobilier à son atteinte sera suffisant pour exciter le locataire à garder soigneusement toute la chose.

Le locataire ne sera point dégagé de toute responsabilité. Il répondra, dans les mêmes conditions que le voisin, de sa faute dilictuelle et quasi-délictuelle. Il couvrira ce recours éventuel par le sacrifice minime que réclame l'assurance du recours du voisin. Ainsi se trouvera réalisée la suppression du double emploi créé par l'existence de l'assurance du risque locatif à côté de l'assurance du propriétaire.

Comme conclusion à notre étude, nous proposons en conséquence l'adoption d'un texte analogue à la loi alsacienne de 1881, en remplacement des articles 1733 et 1734 de notre code.

Vu : *Le Président de la thèse,*   Vu : *Le Doyen,*
BAUDRY-LACANTINERIE.   BAUDRY-LACANTINERIE.

Vu et permis d'imprimer :
Bordeaux, le 30 mars 1898.
Le Recteur,
A. COUAT.

Les visas exigés par les règlements ne sont donnés qu'au point de vue de l'ordre public et des bonnes mœurs (Délibération de la Faculté du 12 août 1879).

BIBLIOGRAPHIE

I. Droit romain.

Donellus. — Opera omnia. Commentariorum de jure civili, tomus tertius. Florentiæ, 1841.

Fachinæus. — Controversiarum opus, caput 87. Lugduni, 1609.

Menochius. — De arbitrariis judicum quæstionibus et causis, casus 390. Lugduni, 1606.

Mommsen et Krueger. — Corpus juris civilis. Berolini, 1877-1895.

II. Ancien droit.

Argentré (d'). — Commentarii in Consuetudines ducatûs Britanniæ, éd. tert. Paris, 1621.

Basnage. — Commentaires sur la coutume de Normandie, 3e éd. Rouen, 1709.

Bourjon. — Le droit commun de la France et la coutume de Paris. Paris, 1747.

Charondas. — Pandectes du droit français. Paris, 1637.

Denisart. — Collection de décisions nouvelles, 7e éd., 1771.

Domat. — Les lois civiles dans leur ordre naturel. Paris, 1745.

Ferrière (Cl. J. de). — Dictionnaire de droit et de pratique. Paris, 1762.

Henrys (Cl.) — Œuvres, 6e éd., 1772.

Merlin. — Répertoire universel et raisonné de jurisprudence, 5e éd. Paris, 1827.

Pothier. — Œuvres complètes, éd. Berville (1821-1824).

Rousseaud de la Combe (Guy). — Recueil de jurisprudence civile, 3e éd., 1753.

Serres (Cl.) — Les institutions du droit français suivant l'ordre de celles de Justinien, 2e éd. Paris, 1760.

Droit moderne.

Anthoine de Saint-Joseph. — Concordance entre les codes civils étrangers et le code Napoléon, 2e éd. Paris, 1856.

— 182 —

Aubin. — Responsabilité délictuelle et responsabilité contractuelle. Thèse Bordeaux, 1897.

Aubry et Rau. — Cours de droit civil français, 4e éd., 1879.

Batbie. — De la loi du 5 janvier 1883, sur les risques locatifs. *Rev. crit. de législ. et de jurispr.*, année 1884, p. 736.

Baudry-Lacantinerie. — Précis de droit civil.

Baudry-Lacantinerie et de Loynes. — Traité théorique et pratique de droit civil. Du nantissement, des privilèges et hypothèques et de l'expropriation forcée, I. Paris, 1896.

Baudry-Lacantinerie et Wahl. — Traité théorique et pratique de droit civil. Du contrat de louage, I, n. 750 s. Paris, 1898.

Dalloz. — Répertoire, v⁰ *Assurances terrestres* et *Louage*. Supplément au répertoire, *iisdem verbis*.

Dalloz. — Recueil périodique de jurisprudence.

Darras et Tarbouriech. — De l'attribution en cas de sinistre des indemnités d'assurances et des autres indemnités. Paris, 1890.

Duranton. — Cours de droit français suivant le code civil, 4e éd. Paris, 1844.

Duvergier. — Continuation à l'ouvrage de Toullier.

Fenet. — Recueil complet des travaux préparatoires du code civil.

Fromageot. — De la faute comme source de la responsabilité en droit privé.

Fuzier-Herman. — Répertoire du droit français, V, v⁰ *Assurance*.

Grandmoulin. — Nature délictuelle de la responsabilité pour violation des obligations contractuelles. Thèse Rennes, 1893.

Guillouard. — Traité du contrat de louage, t. I, n. 250 s. Paris, 1885.

Lalande (de) et Couturier. — Traité théorique et pratique du contrat d'assurance contre l'incendie. Paris, 1885.

Laurent. — Principes de droit civil français, XXV, n. 276 s. Bruxelles, 1877.

Lefebvre. — Responsabilité délictuelle, contractuelle. *Rev. crit. de législ. et de jurispr.*, année 1886, p. 485.

Lehr. — Eléments de droit civil anglais. Paris, 1885.

Marcadé. — Explication du code Napoléon, VI, art. 1734, 5e éd. Paris, 1855.

Pannier. — Attribution des indemnités d'assurances et de quelques autres indemnités. Paris, 1889.

Planiol. — Note. Dalloz, 96. 2. 457.

Pouget. — *Journal des assurances*.

Richard et Maucorps. — Traité de la responsabilité civile en matière d'incendie. Paris, 1883.

— 183 —

SAINCTELETTE. — De la responsabilité et de la garantie en matière d'accidents de transport et de travail. Paris, 1884.

SAUZET. — De la responsabilité des locataires envers le bailleur au cas d'incendie. *Rev. crit. de législ. et de jurispr.*, année 1885, p. 166 s.

TOULLIER. — Le droit civil français suivant l'ordre du code, 4ᵉ éd. Paris, 1824.

TROPLONG. — Le droit civil expliqué. De l'échange du louage, II, art. 1733 et 1734. Paris, 1840.

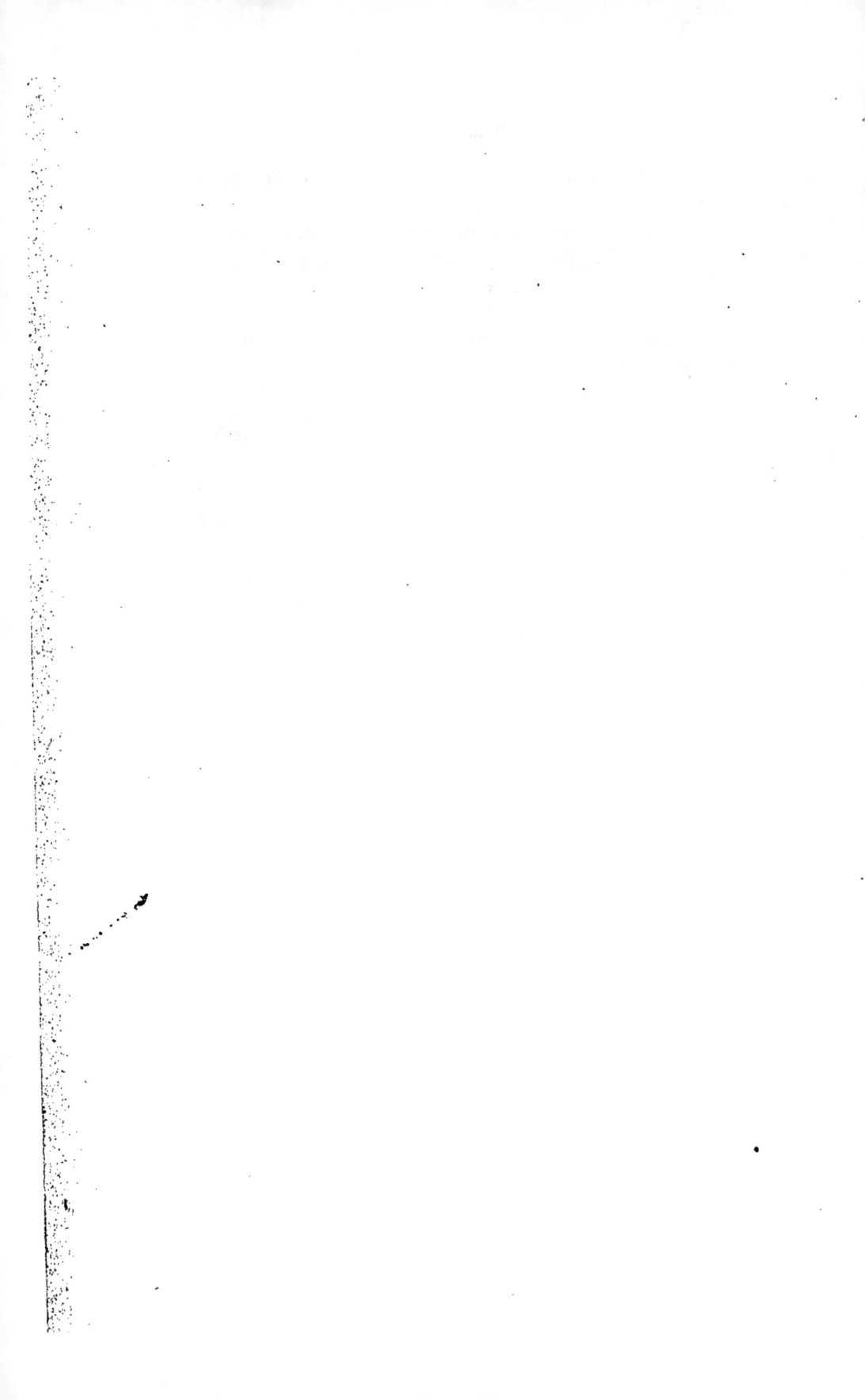

TABLE DES MATIÈRES

DE L.   12*

22,061. — Bordeaux, Y. Cadoret, impr., 17, rue Montméjan.

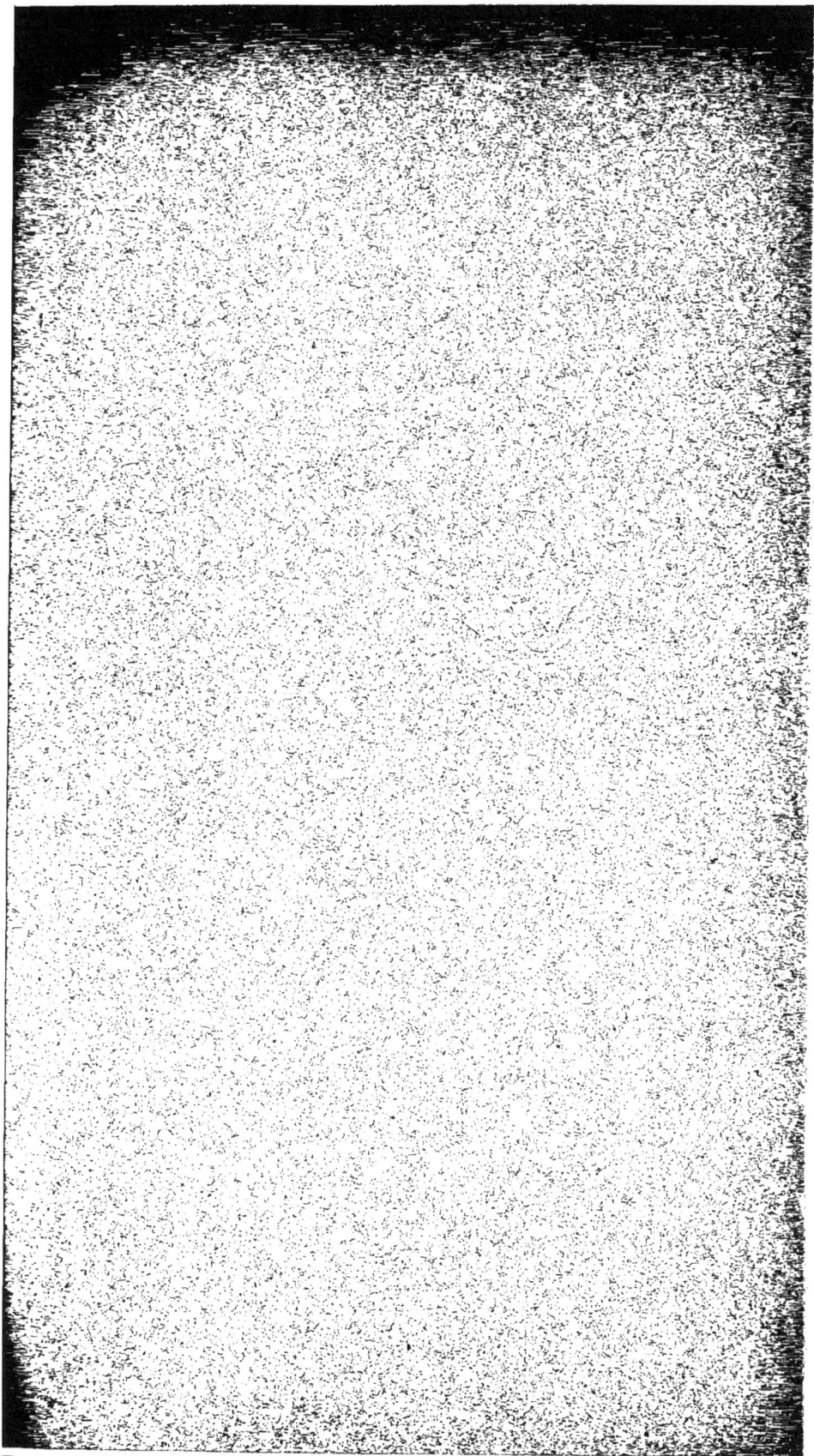

www.ingramcontent.com/pod-product-compliance
Lightning Source LLC
Chambersburg PA
CBHW060535210326
41519CB00014B/3227